绵延的供庙

中华文化风采录

千秋圣殿奇观

陈 璞 编著

北方妇女儿童出版社

长春

图书在版编目(CIP)数据

绵延的供庙 / 陈璞编著. 一长春：北方妇女儿童出版社，2017.5（2022.8重印）

（千秋圣殿奇观）

ISBN 978-7-5585-1058-8

Ⅰ. ①绵… Ⅱ. ①陈… Ⅲ. ①寺庙－介绍－中国 Ⅳ. ①K928.75

中国版本图书馆CIP数据核字（2017）第103422号

绵延的供庙
MIANYAN DE GONGMIAO

出 版 人	师晓晖	
责任编辑	吴　桐	
开　　本	700mm×1000mm　1/16	
印　　张	6	
字　　数	85千字	
版　　次	2017年5月第1版	
印　　次	2022年8月第3次印刷	
印　　刷	永清县晔盛亚胶印有限公司	
出　　版	北方妇女儿童出版社	
发　　行	北方妇女儿童出版社	
地　　址	长春市福祉大路5788号	
电　　话	总编办：0431-81629600	
定　　价	36.00元	

习近平总书记说："提高国家文化软实力，要努力展示中华文化独特魅力。在5000多年文明发展进程中，中华民族创造了博大精深的灿烂文化，要使中华民族最基本的文化基因与当代文化相适应、与现代社会相协调，以人们喜闻乐见、具有广泛参与性的方式推广开来，把跨越时空、超越国度、富有永恒魅力、具有当代价值的文化精神弘扬起来，把继承传统优秀文化又弘扬时代精神、立足本国又面向世界的当代中国文化创新成果传播出去。"

为此，党和政府十分重视优秀的先进的文化建设，特别是随着经济的腾飞，提出了中华文化伟大复兴的号召。当然，要实现中华文化伟大复兴，首先要站在传统文化前沿，薪火相传，一脉相承，弘扬和发展5000多年来优秀的、光明的、先进的、科学的、文明的和自豪的文化，融合古今中外一切文化精华，构建具有中国特色的现代民族文化，向世界和未来展示中华民族具有独特魅力的文化风采。

中华文化就是中华民族及其祖先所创造的、为中华民族世世代代所继承发展的、具有鲜明民族特色而内涵博大精深的优良传统文化，历史十分悠久，流传非常广泛，在世界上拥有巨大的影响力，是世界上唯一绵延不绝而从没中断的古老文化，并始终充满了生机与活力。

浩浩历史长河，熊熊文明薪火，中华文化源远流长，滚滚黄河、滔滔长江是最直接的源头，这两大文化浪涛经过千百年冲刷洗礼和不断交流、融合以及沉淀，最终形成了求同存异、兼收并蓄的辉煌灿烂的中华文明。

中华文化曾是东方文化的摇篮，也是推动整个世界始终发展的动力。早在500年前，中华文化催生了欧洲文艺复兴运动和地理大发现。在200年前，中华文化推动了欧洲启蒙运动和现代思想。中国四大发明先后传到西方，对于促进西方工业社会形成和发展曾起到了重要作用。中国文化最具博大性和包容性，所以世界各国都已经掀起中国文化热。

中华文化的力量，已经深深熔铸到我们的生命力、创造力和凝聚力中，是我们民族的基因。中华民族的精神，也已深深根植于绵延数千年的优秀文化传统之中，是我们的精神家园。但是，当我们为中华文化而自豪时，也要正视其在近代衰微的历史。相对于5000年的灿烂文化来说，这仅仅是短暂的低潮，是喷薄前的力量积聚。

中国文化博大精深，是中华各族人民5000多年来创造、传承下来的物质文明和精神文明的总和，其内容包罗万象，浩若星汉，具有很强的文化纵深感，蕴含丰富的宝藏。传承和弘扬优秀民族文化传统，保护民族文化遗产，已经受到社会各界重视。这不但对中华民族复兴大业具有深远意义，而且对人类文化多样性保护也是重要贡献。

特别是我国经过伟大的改革开放，已经开始崛起与复兴。但文化是立国之根，大国崛起最终体现在文化的繁荣发展上。特别是当今我国走大国和平崛起之路的过程，必然也是我国文化实现伟大复兴的过程。随着中国文化的软实力增强，能够有力加快我们融入世界的步伐，推动我们为人类进步做出更大贡献。

为此，在有关部门和专家指导下，我们搜集、整理了大量古今资料和最新研究成果，特别编撰了本套图书。主要包括传统建筑艺术、千秋圣殿奇观、历来古景风采、古老历史遗产、昔日瑰宝工艺、绝美自然风景、丰富民俗文化、美好生活品质、国粹书画魅力、浩瀚经典宝库等，充分显示了中华民族厚重的文化底蕴和强大的民族凝聚力，具有极强的系统性、广博性和规模性。

本套图书全景展现，包罗万象；故事讲述，语言通俗；图文并茂，形象直观；古风古雅，格调温馨，具有很强的可读性、欣赏性和知识性，能够让广大读者全面触摸和感受中国文化的内涵与魅力，增强民族自尊心和文化自豪感，并能很好地继承和弘扬中国文化，创造未来中国特色的先进民族文化，引领中华民族走向伟大复兴，在未来世界的舞台上，在中华复兴的绚丽之梦里，展现出龙飞凤舞的独特魅力。

儒学先驱——周公庙

忠义之魂——关帝庙

保国护邦——城隍庙

文运亨通——魁星楼

周公庙

周公旦，姓姬，名旦，也称叔旦。周代第一位政治家、军事家、思想家和教育家，被尊为"元圣"，儒学的先驱。

因采邑在周，世称周公。周公摄政当国，平定"三监"叛乱，大行封邦建国，营建东都，制礼作乐，还政成王，对巩固和发展周王朝的统治起了至关重要的作用，也对我国历史的发展产生了深远的影响。

"文武周公"是孔子最为推崇的人物，孔子的思想延续的就是周公的思想体系。

因定鼎而建的洛阳周公庙

　　洛阳周公庙是纪念西周时期著名的政治家、军事家、思想家、古洛阳缔造者、我国儒家思想奠基人周公姬旦的祠庙，也称元圣庙。

　　周公曾协助武王伐纣灭商，辅佐成王摄政，东征平定管叔、蔡

周公庙远景

■ 周公庙定鼎堂

叔、霍叔"三监"与纣王之子武庚叛乱，营建洛邑并制礼乐，使我国最终成为文明古国、礼仪之邦。

由于周公开创了千秋伟业，被后世奉为天下第一圣人"元圣"。全国各地多设祠纪念，洛阳周公庙即为其中的一座。

洛阳周公庙是我国祭祀周公的重要场所，始建于公元618年的隋末唐初，由当时的隋朝将领王世充始创。1525年，明朝嘉靖皇帝下令又在旧址重建。到了清朝，又有几次大规模的修葺，使庙貌更加隆重，逐渐形成现有的规模。

周公庙坐北面南，依中轴线从前到后依次为宝鼎堂、礼乐堂、三殿及东西廊房共664平方米，宝鼎堂取"成王宝鼎郏鄏"之意而名，面阔五间进深三间，单檐歇山式。二殿三殿均为五开间，单檐硬山式建筑。洛阳周公庙是保存较为完整的明清古建筑之一。

摄政 一种代行最高掌权者职权的官职。一般来说，有两种情况需要摄政。其一为前任君主逝世，而新任君主幼弱不能治国；其二为现任君主突然因某些原因而不能履行职务，而又未能及时选立继承人。在古代，摄政人多是朝廷重臣、太后或太上皇。

■ 周公庙碑文石刻

定鼎堂是周公庙所有建筑中年代最为久远的，也是周公庙的主体建筑，为明代建筑，后来经过多次重修，大体保存了明代的建筑风格。

殿堂面阔五间，进深三间，单檐歇山式，青筒瓦覆面，还配以彩绘，威仪堂皇。殿内供奉有周公与他的北弟召公、毕公及世子伯禽、君陈等五尊塑像。

定鼎堂为龙凤屋脊，两端饰以鸱吻。大殿四角飞檐起翘，拓展伸张，比例匀称，节奏和谐，既庄严稳重又隽秀灵巧，是一座保留有辽金建筑风格的艺术杰作，具有较高的历史价值和文物价值。

殿内的周公塑像以白色为主要基调，周公的头发是白的，胡子是白的，眉毛也是白的，还穿着白色的长罩衣。据说，这是周公的真实写照，因为他为周王朝操心的事情太多了，日夜操劳，呕心沥血，所以头发胡子都白了。

周公塑像庄严、肃穆，体现了周公辅佐成王一丝不苟、兢兢业业的样子。伯禽像乃明代塑造，泥胎彩绘，弥足珍贵。

殿内周围依次陈列有"周公事迹""周公家谱""元圣宗谱""海内三大周公庙介绍"等内容，殿外墙壁上镶嵌有石刻"周公解梦"碑计19通。

殿前东侧有台湾崇祀者所立的"台湾省台中市赖

鸱吻 龙生九子之一，平生好吞，也就是殿脊的兽头之形。这个装饰一直沿用下来。在古建中，"五脊六兽"只有官家才能拥有。这种泥土烧制而成的小兽，被请到皇宫、庙宇和达官贵族的屋顶上。

罗傅宗亲访祖团暨中原赖氏宗亲联谊会周公庙祭祖纪念碑"一通，上书"追本溯源，根在河洛"字样。

礼乐堂为二殿，原名为"会忠祠"，是后来的清代所增建。礼乐堂面阔三间，进深两间，硬山式，青筒瓦覆面。殿内陈列一组周公制礼作乐群像，场面恢宏，形象逼真。

周公庙的后殿即为三殿，是清代建筑。1790年，是清朝的乾隆皇帝执掌朝政，时任洛阳知县龚松林主持修葺。面阔三间，进深两间，外设走廊，硬山式，青筒瓦覆面，庄重气派。殿内陈列有隋唐东都城大型复原沙盘模型和夏都斟鄩复原模型。

三殿前的东、西两侧为各面阔五间的硬山式厢房，里面陈列着商都西亳复原模型、东周王城复原模型和汉魏故城复原模型。

应天门建造初期被称为则天门，有东、西两阙，平面为"凹"字型。门有两重观，上写"紫微观"，左右连阙中间以廊庑相连，其建筑形式直接影响到北宋汴梁的丹凤门和明清北京故宫的午门。在我国

周公庙内石雕

周公庙内神像

古代的都城建筑史上占有非常重要的地位。

后来李世民攻占东都洛阳后，因其太过奢华而火焚之。唐初重建，武则天执掌朝政之后，因避讳武则天的尊号，便将名称改为应天门。

应天门是当时朝廷举行重大国事庆典与外交活动的重要场所之一，与长安承天门一样备受人们的尊崇。

根据史书记载，隋炀帝曾登临应天门听政，武则天"御则天楼，赦天下，以唐为周，改元"，唐玄宗接见日本国第八次"遣唐使"等都是在应天门城楼上举行。

阅读链接

在洛阳民间一直都对周公"定鼎洛阳"说好，因为当时的鼎象征政权，鼎在哪里，哪里就是政治中心。那么，周公为什么要把鼎放在洛阳呢？

原来，大禹治理洪水后，铸了九尊大鼎象征九州。商周时期，九鼎成为传国之宝，国都所在之地，必须安放九鼎。

武王灭商后，与周公一起商量将九鼎搬到周朝国都镐京。谁知那九鼎非常沉重，很难搬运。大鼎到了洛阳后，像生了根似的定在这里不动了，没办法再往西搬运。于是就决定将鼎定在洛阳。很快，武王就病故了，成王继位，周公辅佐成王，并举行了隆重的定鼎大典，把九鼎正式安放在洛阳。

到了隋唐，洛阳人为纪念周公"定鼎洛阳"，兴建了周公庙，庙里的大殿被命名为定鼎堂。

发祥地上的岐山周公庙

陕西岐山是炎帝生息、周室肇基之地，是周文化的发祥地，同时也是民族医学巨著《黄帝内经》、古代哲学宏著《周易》的诞生之地，历史悠久，文化灿烂。

岐山周公庙正门

召公 又作邵公、召康公、太保召公。姓姬名奭，是周文王的儿子，武王的弟弟。曾辅助周武王灭商，被封于燕，是后来燕国的始祖。因最初采邑在召，故称召公。他支持周公旦摄政当国，支持周公平定叛乱。他的后代中有人继承了召公的称号，还辅佐了周厉王。

■ 周公庙内润德泉

公元618年，唐高祖李渊为了纪念西周政治家曾助武王灭商立国、辅成王平叛安邦的周公姬旦，下诏在相传其制礼作乐的"卷阿"岐山创建周公祠。祭祀岐山周公庙。

后经宋、元、明、清历代修葺、扩建，逐渐形成了以周三公殿为主体，姜嫄殿和后稷殿为辅，亭、台、楼阁点缀辉映的古建筑群。

周公庙保留有古建筑30余座，占地约7万平方米，整体建筑对称布局，殿宇雄伟，亭阁玲珑，各具特色。在诸殿中，周公殿居前，姜姬祠居中，后稷祠居后，当地群众把这种布局总结为"姜姬背子抱孙"。

山门照壁位于周公庙的入口处，山门五间，为歇山式屋顶，檐下悬有"有卷者阿"匾额。外立照壁，

琉璃飞檐，中嵌石匾，隐视乐楼风貌。

乐楼又称戏楼，创建于元代，明清曾重修，仍保持了元代的建筑风格。乐楼正面悬一匾，题道"飘风自南"。与照壁"有卷者阿"组成完美的诗句。

乐楼正视为九脊歇山式顶，背视南看却为悬山顶。檐下筑楼，楼上以雕花棂隔断分成前后两部分，前为台，供奏乐演戏，后为室，有左右两门，供演员上退场之分。

楼下为穿堂过庭，两边各立廊柱，形成廊殿，是岐山最古老的一处戏台，非常难得，是研究元代戏曲的典型实物材料。

在乐楼之后为八卦亭，平面正方形，重檐阁亭，中顶悬挂八根，连为八角形，彩绘藻顶，装饰精美，是为纪念周公作爻辞而建。

周三公正、献殿是周公庙的主题建筑，是一组共为六座的单体建筑，分别创建于唐、宋、清年间，是为纪念三公，即周公、召公、太公而建造的。

史书记载，周成王姬诵时，周公为太傅，召公为太保，太公为太师，故称三公，为了表彰他们的业绩，专门建立了周三公殿，后来人们又在正殿的基础上增建了献殿。

周三公殿的六座殿屋顶为鸱吻繁缛，屋脊立兽众多，有飞凤、奔马、狂犬、人俑、大象、怪兽，造型生动各异。屋檐斗拱重叠，结构精巧，具有较高的观赏价值。

润德位于正殿东，因泉水的喷吐和干涸有间歇性，人们赋予了它许多神奇而瑰丽的传说。明代车骑将军赵忠咏润德泉道：

一泉长与世安危，今日无波涨碧池。

每朝每代都把泉中有水看成风调雨顺、国泰民安的吉兆。

公元848年，因泉涸而复喷，于是，唐宣宗便把这自然现象和他的个人功德联系起来，赐名为"润德泉"。因为是皇帝敕的，所以被一直完好地保留了下来。

■ 周公庙内甘棠亭

■ 周公庙润德泉

泉周围为八角井泉石栏杆，栏杆上有浮雕藻饰，并有龙吻、鳌头、人物、异兽等立体造型。

在润德泉西边为碑亭，为歇山式长方形亭，丹楹彩绘，十分惹目。亭下有唐、宋、金、元、明、清时期的石碑和石碣多座，大都记述着修建周公庙的悠久历史。

苏轼《周公庙诗》有言：

吾今那复梦周公，尚喜秋来过故官。
翠凤旧依山突兀，清泉长与世穷通。

周公庙自然风光绚丽，文化遗迹灿烂，令人向往，而周公的巍巍业绩和那博大的胸襟更使人敬仰。

姜嫄正、献殿是为祭祀周部族始母姜嫄而建立，

浮雕 雕塑与绘画相互结合的产物，采用压缩的方式来对对象进行处理，展现三维空间，并且可以一面或者是两面进行观看。浮雕一般是附着在另一个平面上，所占空间小，所以经常用来装饰环境。浮雕的主要材料有石头、木头、象牙和金属等。

为硬山式，面阔五间，具有明显的清代建筑风格，殿内有姜嫄塑像。殿内还存有很多清代壁画，工笔细描，色彩鲜艳，形象生动。

后稷正、献殿是纪念周部族先祖后稷而建。后稷，名弃，为其母姜嫄"履帝武敏歆"而生，生后几次被弃。得鸟兽保护，才得以收养，自小聪明，尧时被拜为农官，教民稼穑，后人尊他为稷神。

后稷殿为硬山式，面阔三间，内塑有后稷坐像，右配祀太伯、仲雍、左配祀王季塑像。

郊媒殿位于后稷殿东侧，为硬山式，面阔三间，东西各有两小耳室。古书记载，姜嫄出野向高媒求子，回来路上履大人迹而生后稷。祠前悬一匾，上书有"祥开有周"的字样。

出了庙殿，顺坡拾阶而上，是一处用红砖垒砌的小院。院内沿壁有一排窑洞，洞中有药王、老君、元始天尊等神仙泥塑像，或坐或立，形象各异。

玄武洞为一石洞，洞虽不大，却有石山隆起的脊梁，山上沟壑分明，并不是凭人工的雕凿就可以形成的。山顶接连洞顶，如蓝天将一

周公庙内的召公殿

座猛长的山峦小心地裹起来。

洞内的玄武真君像端坐在半山腰，为白色玉石雕成，雕像十分威武，披发、赤足、戎装，脚踩龟蛇，手持宝剑，充分表现了玄武真君惩治邪恶的英雄气概。

玄武真君像，全身光滑似陶瓷，当地人叫它"玉石爷"。

相传，玄武佛僧法力无穷，能治百病，后成仙出走，能指石为玉，并修书说：某位疾，摸某位即愈。于是，后人有病者摸同位处以求病愈。

时间长了，玄武真君凸起的脑门和鼻梁便先凹了下去，玉石玄武的身体也被摸得光滑了。每逢农历三月中旬古庙会，人山人海，仅摸佛像的人就可以站成长长的一行队。

后来，人们在周公庙附近进行了大规模的考古调查，发现大型墓葬19座，其中有四条墓道者9座，三墓道者4座，两墓道者4座，单墓道者2座，另有陪葬坑13座。

周公庙内的姜嫄庙

岐山周公庙牌楼

绵延的供庙

在墓地外围多处地点共发现卜甲与卜骨700余件，经初步辨识有甲骨文字420余字，其中有"周公"字样者4片，并有几片记载周王活动的刻辞。

此外还发现了1.5千余米的夯土城墙，6处大型夯土建筑基址，在其周围发现的许多空心砖，即使在周人的都城丰镐遗址与周原遗址都非常罕见，为周公庙增添了几分神秘的气息和魅力。

阅读链接

周公还政于成王之后，天下已趋于太平，为了使西周的江山更加稳固，周公便考虑从政治、思想、文化、道德、礼仪等方面制定一整套完整的典章制度，来维护周的统治。

周公所制的礼仪，具体说来就是法制、法度，包括从中央到地方的一整套官制、宗法、等级方面的君臣、上下、父子、兄弟、宗疏、尊卑、贵贱等方面的礼仪和制度，"乐"就是音乐歌舞。

正是这一整套周礼，他不但巩固了周的江山，而且影响了我国儒家思想长达3000多年之久。

关帝庙是为供奉三国时期蜀国大将关羽而修建的。大将关羽在战火纷飞的三国时期，始终跟随汉室后主刘备，忠心耿耿，为蜀汉大业立下了汉马功劳。

关羽对国忠，待人义，处世仁，作战勇，人们非常崇敬他，于是到处建庙供奉，关公文化已成为我国传统文化中的一个独特现象。

关公与"文圣人"孔夫子齐名，被人们称之为"武圣关公"，对后世影响很大。

忠义之魂

关帝庙

武庙之祖解州关帝庙

　　位于山西省运城西南的解州，古称解梁，是三国蜀汉名将关羽的故乡。解州西有我国最大的关帝庙，俗称解州关帝庙。据有关碑刻记载，远在陈隋之际，解州关帝庙就已经修建了。

　　公元589年，隋开皇降旨要为关圣帝君在其家乡河东解梁建造一所

解州关帝庙牌坊

■ 解州关帝庙牌楼

宏伟的祖庙，便命州官张榜招贤选址。有人说，庙应建在池南常平村，因为那里是关帝的故宅，也有人说，庙应建在盐池北潞村，因为关羽曾在那里擒杀蚩尤鬼魂，为百姓除恶造福。一时间众说纷纭，州官也没了主意。

有一天，一位白须老者来见州官，他正色道："关帝庙只能建在解梁西关。"

州官问缘故，老者说："你若心诚，便须斋戒三日，然后在中条山上朝王窑头观望，便可知分晓。"说完老者飘然而去，不见了踪影。

州官只觉此人来历不凡，便依言斋戒了3天。第四天刚黎明，州官就率领众人快步登山，待东方日出时候便跪拜禀告，申明一行人的来意。

然后，他抬头朝王窑头望去，只见一团紫气平地

蚩尤 我国上古时期九黎族部落的一位首领，在4600多年以前，黄帝与炎帝结盟后，在涿鹿和蚩尤大战了一场，称为涿鹿之战。蚩尤战死，东夷、九黎等部族开始同炎黄部落融合在一起，形成了华夏族。

绵延的供庙

朝廷 封建社会时期，被王国、诸侯国拥戴为共主，由共主建立起来的统治机构的总称。在这种制度下，共主通常被称为皇帝。我国历代的中原王朝通常被认为是正统王朝，属于中央政权，周边臣服中原政权的民族、部落被封为诸侯国。这样，中原王朝的统治机构——朝廷又被称为"中原朝廷"。

■ 关帝庙正门

腾起，一会儿又变为青色，宛如龙头在左右摇摆，青色的龙身向西北蜿蜒伸展，在解梁西关盘桓回旋，然后穿越西湖向金井延伸而去，尾部直达金井。

到了正午时分，这条紫气青龙伏地片刻之后就开始徐徐消散，此时州官大悟，他连称：这条青龙头一身傍二水，此处真乃神龙气脉也！于是，他当即决定在解梁西关建庙，并将此事奏禀了朝廷。

后来，州官就将关帝庙的崇宁殿建在了这龙升起的地方，因此，附近的老百姓经常说，时不时就有一团紫气环绕在崇宁殿前的香炉腰部，每日清晨，还可以看到关帝庙上空祥云缭绕和雾气蒸腾，庙内的花草树木也比别处旺盛许多。

解州关帝庙，总占地面积有7万平方米，为普天下众多关帝庙占地面积之最。关帝庙坐北向南，以东西向街道为界，分南北两大部分，内外古柏苍翠，

■ 关帝庙内的牌匾

百花争艳。街南称结义园，由结义坊、君子亭、三义阁、莲花池、假山等建筑组成。园内桃林繁茂，千枝万朵，颇有"三结义"的桃园风趣。

传说关帝庙在解州西关动土后，各地人们踊跃资助，有钱的出钱，有力的出力，一时轰动天下。

木匠祖师鲁班在天上得知这一消息后，十分兴奋。他想："建造关帝庙乃是天下的一件盛事，我如不去就有负于武圣人了。"

于是，鲁班赶忙收拾好木工工具和仅有的一些铁钉，启程前往人间帮助修建关帝庙，唯恐误了大事。他来到解州，果然看见西关人山人海，万头攒动。

鲁班化为一老翁，急忙找到营造督工说明来意。不料，督工见一介老翁，且篮中都是些旧工具，便微笑着谢绝了。

鲁班气急了，说道："你莫看我老朽无力，我可

香炉 用来焚烧香的器具，多用陶瓷或金属制成。香炉不仅是寺庙中的器物，也是古代寻常百姓家中必备的一种供具。古时人们用香炉盛放香，用以祭天地神和祖先，是重要的祭祀器具。佛教传入我国之后，香炉开始进入佛教殿堂。

以不费吹灰之力，立时将铁钉钉入石阶。"

说着，只见老翁轻举铁锤，"叭！叭！叭！"三下，火星四溅之后，三颗铁钉就牢牢嵌入石阶了。督工见了大惊失色，来不及问清老翁姓名和来历，便将建庙事宜全部委托给了老翁。

从此，在鲁班带领下，建筑进展相当顺利，一座座宫殿很快就拔地而起，金碧辉煌，雄伟壮丽，人们见了都赞不绝口。

当以悬梁吊柱而闻名的春秋楼竣工后，督工便准备设宴向老翁祝贺，不料老翁已不辞而别了。过了几天，又有几个能工巧匠赶来西关帮助修建，并说原来那老翁就是木匠祖师爷鲁班，大家都感到十分神奇。

此后，不管过了多少年，鲁班钉的铁钉仍牢牢地嵌钉在崇宁殿前的右边石阶上，人们看后无不惊奇。

解州关帝庙的布局十分精巧，街北是正庙，坐北

■ "武庙之祖"匾

朝南，仿宫殿式布局，横线上分中东西三院，中院是主体，主轴线上又分前院和后宫两部分。

前院经端门之后是巍巍耸立着的三座高大庙门，采用单檐歇山顶的建筑风格。中门是专供帝王进出的门，叫雉门，门楼上镶嵌着"关帝庙"竖匾。

雉门后部是戏台，是一座双昂卷棚歇山顶建筑。东面的文经门是文职官员行走的，西侧是"武纬门"，是甲胄之士通行的。

午门是一个面阔五间、单檐庑殿顶、石雕回廊的厅式建筑。周围有石栏杆，栏杆正反两面浮雕有各类图案和人物共 144 幅，洋洋大观，颇有童趣。

厅内南有三国时期周仓、廖化的画像，轩昂威武。北面左右两侧，彩绘着关羽戎马一生的主要经历，起于桃园三结义，止于水淹七军。

崇宁殿是关帝庙的主体建筑，由于宋徽宗赵佶曾封关羽为"崇宁真君"而得名。崇宁殿殿前苍松翠柏，郁郁葱葱，配以石华表一对，焚表塔两座，铁旗杆一双，月台宽敞，勾栏曲折。

崇宁殿面阔七间，进深六间，重檐歇山式琉璃殿顶，檐下是双昂五踩斗拱，雕刻富丽。殿周围回廊置雕龙石柱 26 根，盘龙姿态各异，各个须眉毕张，活灵活现。

■ 关帝庙内的香炉

华表 我国古代立在宫殿、宗庙、亭榭、坟墓等建筑前面的柱形标志物，原为木制的桓柱，其顶端用横木交叉成十字，似花朵状，起某种表识作用，故称之为华表。它一般由底座、蟠龙柱、承露盘和其上的蹲兽等组成。柱身多雕刻龙凤等图案，上部横插着雕花的石板。华表是我国古代建筑的鲜明象征。

■ 关帝庙午门

绵延的供庙

大殿明间上悬挂横匾中的"神勇"二字，是清朝乾隆皇帝亲笔题写的。檐下有"万世人极"匾，是清代咸丰皇帝所写。下列三把青龙偃月刀，与门口的铜香案、铁鹤相映成趣，自成一种威严气势。

殿内木雕神龛玲珑精巧，内塑帝王装关羽坐像，勇猛刚毅，神态端庄肃穆。龛外雕梁画栋，雕有云龙金柱，自下盘绕至顶，狰狞怒目，两首相交，展示了关羽的英雄气概。龛上有康熙亲笔书写的"义炳乾坤"横匾一方，更增加了崇宁殿的庄严肃穆。

后宫以"气肃千秋"坊、春秋楼为中心，左右有刀楼、印楼对称而立，是进行祭祀活动的主要场所。

"气肃千秋"坊是中轴线上最高大的木牌坊。东侧有印楼，里边放着"汉寿亭侯"玉印模型，西侧是刀楼，里面列着青龙偃月刀的模型。

春秋楼是关帝庙的扛鼎之作，掩映在参天古树和名花异卉之间，显得巍然屹立、大气磅礴。楼内有关羽手捧《春秋》像，而《春秋》又名《麟经》，所以春秋楼也叫麟经阁。

春秋楼建于明万历年间，宽七间，进深六间，檐下用木雕有龙凤、流云、花卉、人物和走兽等图案，雕工精湛，剔透有致。楼内的东西两侧各有36级楼梯，可供上下。第一层上有108面木制隔扇，象征着

隔扇 也称格扇、长窗，是用木做成的柱与柱之间的隔断窗，周围有框架，中间划分为花心、绦环板、裙板等五道，可透光通气。根据建筑物开间的尺寸不同，每间可安装四扇、六扇或八扇隔扇。

山西历史上的108个郡县。

相传春秋楼有三绝：一绝是上层回廊的廊柱矗立在下层的垂莲柱上，垂柱悬空，有悬空之感；二绝是在第二层上，有关羽的侧身夜观《春秋》像，身旁的阁子板壁上刻满了用正楷刻写的《春秋》内容；三绝是春秋楼的楼顶，正好对着北斗七星的位置，简直十分奇绝。

全庙共有殿宇100多间，布局严谨，主次分明。殿阁嵯峨，气势雄伟。屋宇高低参差，前后井然有序。牌楼高高耸立，斗拱密密排列，建筑间既自成格局，又和谐统一，布局十分得体。

解州关帝庙内的木构建筑，是许多古人别具匠心的劳动成果，具有独特的风格，是我国古代劳动人民智慧的结晶，春秋楼的吊挂回廊就是我国建筑艺术中

斗拱 我国建筑特有的一种结构，拱是在立柱和横梁相交的地方，从柱顶开始层层探伸出的弓形承重结构。拱与拱之间相连接的方形木块叫斗，二者合起来就叫作斗拱。斗拱使人产生一种神秘莫测的奇妙感觉。在美学和结构上它也拥有一种独特的风格。无论从艺术或技术的角度来看，斗拱都足以象征和代表中华古典建筑的精神和气质。

■ "气肃千秋"坊

■ 关帝庙内石雕

的经典。

关帝庙除古建筑外，还有琉璃影壁、石头牌坊、万斤铜钟、铁铸香炉、石雕饰品、木刻器具以及各代石刻等艺术精品。

关帝庙内，石刻、木雕、壁画、照壁、书法牌匾比比皆是，游人信士络绎不绝，香火非常旺盛。后经过多次修葺和彩绘，关帝庙显得更加壮丽辉煌。

解州作为关公的故乡，不但很早就兴建了关帝庙，而且在其悠久的历史发展中，流传下来了许多美丽的故事，虽然这些传说故事，带有很浓的神话色彩，但都反映了人们善良的愿望和对关公的崇敬之情。

在中原黄土高原上有一道奇怪的风景，凡是有关帝庙的村寨，关帝庙一律都建在村西首，这是何故呢？在民间流传这样的一种说法。

汉末名将关羽一生追随兄长刘备南征北战，为蜀汉政权的建立立下了汗马功劳，且他为人忠、待人义、处世仁、作战勇，受到了历代皇帝、百姓的推崇和爱戴。历代帝王封其为帝，百姓们尊其为神。

传说关羽升天后，天上的玉皇大帝想关羽戎马一生，辗转辛苦，此时也该好好歇歇了。因此在关羽向玉帝报到后，玉帝就没有给他安排什么职位，只是让

照壁 在古代风水意识的影响下，产生的一种独具特色的建筑形式，称"影壁"或"屏风墙"，是我国传统建筑特有的一个部分，从明朝开始流行，一般都建在大门内，当作一种屏蔽物。在旧时，人们认为宅院中总是有鬼不断地穿梭往来，修上一堵墙，以断鬼的来路，因为传言小鬼不会拐弯，只会走直线。

他随意走走，享享清福。

哪知关羽是个闲不住的人，他天天到人间去了解百姓疾苦，回来后就向玉帝禀奏，玉帝看到关羽这样勤于政事，实属少见，因而经常在召集天界文武百官的时候给予夸赞。

但玉帝也看到了关羽这样在人间、天界来回往返，实在太累了。于是玉帝降旨，在人间的村村寨寨建造关帝庙，让关羽在人间司管风雨，这样一来，百姓在关帝庙里就可直接见到关老爷，也省得关老爷来回奔波了，这真是一举两得啊！

黄土高原所处的地理环境，自古以来都是盛行西风雨，而关老爷司管风雨，因此关帝庙就都建在了村子的西首，因此每年的春秋两季，老百姓就会在村西的关帝庙内举行隆重祭祀活动，以乞求风调雨顺、国泰民安。

■ 关帝庙春秋楼

关帝庙结义园

绵延的供庙

明代词人吕子固在《谒解庙》诗中曾无限感慨地吟咏道：

正气充盈穷宇宙，英灵烜赫几春秋。

巍然庙貌环天下，不独乡关祀典修。

这真实地反映了人们对关公的崇拜和敬仰，以及关帝庙遍布天下的盛况。

阅读链接

宋徽宗年间，在解州发生了一场灾害，盐湖连续8年没有出过一粒盐！根据上古传说，蚩尤与黄帝大战战败后，他倒地化为盐池，后来盐池不出盐，人们认为是蚩尤在作怪。

由于解州盐池收入占当时朝廷总税收的六分之一，这让宋徽宗很是担心，就请龙虎山的天师道掌门人张天师前来作法除妖。尽管张天师用尽浑身解数，也不见任何效果。

于是，宋徽宗想到了关羽，便设坛请关公下凡帮助战胜蚩尤。果然，关羽下凡之后，盐池就重新出盐了。关羽的威名不胫而走，在人们心中的名望也陡然大增了，祭拜他的人也更多、更虔诚了。

武圣故里常平关帝家庙

　　常平关帝家庙是关羽家乡的人们仰慕关羽的英武和盛德，在隋朝初期建造的一座祠堂。

　　关帝家庙的南侧依巍峨秀丽的中条山，北临碧波万顷的天然盐湖。整个庙宇的布局采用了"前朝后宫"的建制，以及中轴对称的宫

■ 关帝家庙

关帝家庙石牌坊

绵延的供庙

殿建筑手法。

我国的关帝庙虽然很多，但关圣家庙却仅此独有，天下无双。关圣家庙也称关帝祖祠，位于关公故里的运城常平村，与解州关帝庙遥相呼应，始为祠堂，至金代形成庙宇。

据明神宗时魏养蒙所撰的《重修常平关圣家庙碑记》可知，金代王兴于1177年创建正殿3间，转护环廊40间，寝殿、仪门各3间。

后来又有常平村人胡鑰对庙宇进行过局部修葺及增扩，至兴建圣祖殿之后，再无修葺。

常平关圣家庙又称常平关帝庙、关帝祖祠，距解州关帝庙近万米，南依中条山，北临古盐池，山清水秀，风景优雅，是块难得的风水宝地。

相传，这座庙所在之地，原是关羽的故宅，关羽从出生到杀了恶霸之前，一直都生活在这里。后来，关羽杀了为害乡邻的恶霸吕熊，不得不出逃避难。恶霸的后人和官府进行勾结，捉拿关羽不成就打算对关家斩草除根，诛灭九族。

于是，常平村里的关姓人都纷纷逃到古村一带去避难，唯有关羽的父母因年迈行走不便，最终投井自尽了。人们为了纪念关羽的父母，就在那口井上修建了一座塔。

关羽死后，乡人仰慕他的忠义和盛德，就在塔的基础上修建了祠堂，四时进行奉祀。到了金代，又增修了具有一定规模的建筑群，取名"关圣家庙"。

这些建筑群一直都被完整地保存着，尤其是这里的始祖殿、娘娘殿、太子殿及精美的明末清初塑像，是其他关帝庙所没有的。

据史书记载，隋代以后，随着历代帝王对关羽的逐级追封，庙堂也在不断地增建和扩建，仅从明代嘉靖皇帝修葺之后，关帝家庙就整修或增建达16次之多，所以大部分的建筑多为清代以前遗构。

常平关帝庙占地1.5万多平方米，多为砖木结构，琉璃瓦顶。庙前立有3座牌坊，左右木构，中为石雕。

庙院内，中轴线上由前向后依次建有山门、午门、享殿、崇宁殿、娘娘殿、圣祖殿等6座殿宇；两

九族 泛指亲属。一说九族是指上自高祖、下至玄孙，即玄孙、曾孙、孙、子、身、父、祖父、曾祖父和高祖父九族；一说是父族四、母族三、妻族二，父族四是指姑姑的子女、外甥、外孙、同族的父母、兄弟、姐妹和儿女；母族三是指外祖父、外祖母和娘舅；妻族二是指岳父和岳母。

■ 关帝家庙内景

绵延的供庙

■ 关帝家庙木牌坊

侧配以厢房、配殿、回廊等，主从有序。

庙宇坐北朝南，规模宏伟，布局严谨，殿阁壮丽。庙前建牌坊3座，位于东西两侧者为木结构，三门四柱庑殿顶，分别名为"灵钟鹾海"和"秀毓条山"；居中者为石结构，正前方置铁狮一对，明间门额书"关王故里"4个大字。

在总体布局上，常平关帝庙与解州关帝庙同样沿袭了"前朝后寝"的形制。山门、午门、献殿均是面阔3间，单檐悬山顶，灰色的筒板瓦覆盖，绿琉璃瓦剪边。

关帝殿面阔五间，四周有围廊，全部采用重檐九脊顶。殿内木雕神龛装饰富丽。

崇宁殿是庙内的主体建筑，建于砖砌台基之上，面阔五间，进深四间，四周回廊均进深1间，总面阔七间，总进深六间，重檐歇山顶，绿琉璃覆盖，施花琉璃脊饰。

冕旒 古代大夫以上所戴的礼冠和帝王所戴的冕冠。帝王所戴的冕有十二旒，诸侯九旒，上大夫七旒，下大夫五旒。在帝王的冕旒前端，有一块前圆后方的长形冕板，叫"延"，象征天圆地方。据说，置旒的目的是为了"蔽明"，意思是告诫帝王要洞察大体，包容细小的瑕疵。

大殿明间施板门两扇，左右次间施直棂窗；殿内木雕神龛装饰富丽，内置关羽像，关羽头戴冕旒，身着帝装，气宇轩昂地端坐在龙椅上。在龛内外还侍奉着4个人，恭谦微谨。神像造型丰满，神态逼真。

娘娘殿面阔与进深各五间，重檐歇山顶，殿前檐建插廊，有垂花门，左右两侧建配殿，自成院落；殿内神龛供关夫人像，左右两侧侍女像有的持帕，有的握笏，恭身肃立，是清朝时期塑像的佳作。

圣祖殿在庙宇后端，建于1773年，面阔三间，单檐悬山顶，灰色筒板瓦覆盖，置于砖石构筑的台基之上，殿前月台宽敞，殿内供关羽始祖、曾祖、祖父和父及其三祖夫人像，为普天下武庙所罕见。

关帝家庙内，还有八角七层砖塔一座，高约15米，传为关羽父母亲之墓。塔身上下收分幅度较大，层间叠涩出檐，反叠涩收进，形成下层塔檐和上层基座，顶上砌筑有圆盘，可惜上面的塔刹已经不存在了。

塔刹 一种佛塔顶部的装饰品，塔刹是塔的最高处，是"冠表全塔"和塔上最为显著的标记。"刹"是"土地"和"国家"的意思，引申义为"佛国"。所谓无塔不刹，塔刹耸在于各种式样的塔顶上。自从印度的窣堵坡传到我国以后，逐渐与我国的传统建筑融合，形成了塔顶攒尖收尾的重要部分。

■ 常平关帝家庙崇宁殿

绵延的供庙

■ 关帝家庙圣祖殿

关兴 字安国，三国时期蜀国的大臣，是关羽的第二个儿子，继承了父亲关羽汉寿亭侯的爵位。关兴从小就沉默寡言，习惯单独思考，是个万事都能妥善处理的天才，深受诸葛亮的器重，在蜀汉担任侍中、中监军等重要的职位。诸葛亮北伐时，关兴出任龙骧将军、左护卫使，后病死。

砖塔持重，端庄稳健，平素无饰，历经了明嘉靖年间的河东大地震，却依然无恙。

庙南的中条山下古柏苍翠，石碑林立，是关氏祖坟的所在地。从关圣家庙至关氏祖坟的通道上曾建有献殿、祭台等。

庙内有各种碑碣数10通，这些碑刻记述了流传在民间的关羽故事，以及历代对关羽的封号及关族的世袭情况，是研究三国历史的珍贵资料。

关圣家庙古木参天，盘根错节，苍翠蓊郁，虬枝纵横，几乎每株古树都有隽永神奇的传说。

娘娘殿院内有古桑一株，在明朝时期就已经种植了，树龄超过了500年，粗可合围，表皮为鳞状，称为"麒麟皮"。

一般桑树所结桑葚一年仅成熟一次，但是这株桑树的桑葚却于一年之内五熟五落。古桑树下有5条树根，约碗口粗细，裸露于地面约1米。

根部上方的树干距地面约5米处蜿蜒伸出了5株粗枝，不但与树干下的五条祖根相互呼应，也与家庙中供奉关羽的曾祖、祖父、父亲、关羽本人、关羽子关平及关兴五代暗合，号称"五世同堂桑"。

庙院内娘娘殿内另有古柏一株，名为"云柏"，树干中裂，以铁箍环护，树身倾斜，与地面成45度角，直指万米之外的解州关庙。

每至严冬，大雪纷飞，笼罩万物，此柏却落雪必化，丝毫没有覆压的积雪，所以也被叫作"热柏""化雪柏"和"无雪柏"，这类树种属于濒危植物，已极为罕见。

在庙内的主体建筑崇宁殿前檐的左右两侧各有古柏一株，名"龙"柏和"虎"柏，两柏主干内侧距地面约一米处树皮凸凹错落，形成了龙身和虎首，浑然天成，栩栩如生，令人称奇。

乡里有一种习俗，就是以红绳缠绕龙柏和虎柏的躯干，然后裁龙柏、虎柏所缠红绳的一段作为幼子的项圈，认其为"干爹"，可保佑子女健康成长，洪福齐天。

忠义之魂

关帝庙

阅读链接

宋徽宗是第一个对关公进行追封的帝王。宋徽宗在阅读典籍的过程中发现关羽有勇有谋、讲义气、忠心耿耿，正是自己朝中所缺和急需弘扬的精神，于是就在1102年追封关羽为"忠惠公"。

第二年宋徽宗又以"教主道君"的身份，封关羽做了"崇宁真君"，使关羽在道教中获得了一个正式的地位。1108年，宋徽宗提拔关羽做了"昭烈武安王"。

1123年，金兵南下，前线将士无心恋战，连连败退，形势十分危急，宋徽宗再一次改封关羽为"义勇武安王"，想借助关羽的义勇来激励将士们的斗志，希望他们能够奋勇杀敌和保家卫国。

依山临海的东山关帝庙

关帝神像

福建东山关帝庙位于铜山古城中岵嵝山下，也被称为武庙。

公元670年，左郎将陈政和将军陈元光奉唐高宗李治的旨意开发闽南，跟随他们的士兵带来了中原家乡供奉的关羽神像香火，这就是福建东山关帝信仰的来源。

据有关考证，东山关帝庙还是我国台湾众多关帝庙的香缘祖庙。那是在明朝时期，朝廷出于防范倭寇侵扰的考虑，在东山建立城池。

■ 关帝庙武圣殿

由于关帝是忠勇的象征，所以守城官兵为了保佑自己，开始建造关帝庙。

东山关帝庙始建于1387年，于1508年扩建。在庙的大殿石柱镌刻有"大明正德吴子约敬送"字句。

东山关帝庙依山傍海，面向烟波浩渺的东山湾，依地势逐级递高，层层而起，气势雄伟。整个关帝庙的木结构部分为明代、部分为清代和近代建筑。

庙宇属抬梁式木构架建筑，面阔三间，进深六间。总长40米，宽17米，面积680多平方米。悬于山顶，绿色的瓦。多是石梭柱，柱础鼓状。

庙前有一大广场，石雕栏杆，叠隔其间，莲花池居于广场正中，绿水满波映衬古庙。庙前有明清时代雕刻的石狮四对，昂首威猛，神气各殊。

庙门是用六根石柱顶托着数百支纵横交错和承力均匀的木制拱梁。拱梁上建有一座宫殿式的楼亭，叫

忠勇 "忠"是儒家思想的核心之一，指为人诚恳厚道、尽心尽力，尽力做好本分的事。有忠诚无私、忠于他人、忠于国家及君主等多种含义。"勇"也是儒家伦理范畴。指果断、勇敢。孔子把"勇"作为范"仁"的条件之一。"勇"必须符合"仁、义、礼、智"，而且不能"疾贫"，才能成其为勇。

绵延的供庙

作"太子亭"。

　　特别值得一提的是，支撑太子亭的石柱是由外向内倾斜的，这在其他建筑上是非常罕见的。从建筑结构角度来说，这样更有利于维护太子亭的稳定。太子亭不但建筑艺术高超，且有很高的建筑科学价值，

　　东山靠海，每年都会受到台风侵袭，同时历史上也有过多次比较大的地震，但太子亭历经600多年，尽管重心那么高，却仍然保存得完好无损，和这种倾斜支撑的石柱密切有关。

　　太子亭上有各种闽南瓷雕组成的图案，正面是"八仙过海"和"兽图"，有麒麟、象、狮、虎、鹿、羊、骔、豸等。

　　屋顶上用剪瓷雕塑造了120个英雄人物如：李世民登基、樊梨花征西、岳母刺字、穆桂英挂帅等，造型生动、千姿百态。

瓷雕 是绘画和雕刻相结合，将绘画、书法等艺术形式表现在瓷器上的一种特殊的艺术手段，是在没有彩绘的白瓷上刻上绘画或文字。刻在器皿上的，如盘、碗、花瓶、茶具、文具等，尚有工具的作用；刻在瓷板上的再配上红木架子，则纯是艺术品了。

■ 福建东山武圣殿匾额

■ 关帝庙塑像

这些是最具闽南地方艺术特色的剪瓷雕。其制作方法是根据不同人物造型，用泥胎制成形，再将彩色瓷片根据人物造型需要剪碎贴上。

这种传统艺术过程十分烦琐，需要有精湛的工艺才行。剪瓷雕有两个特点：一是不会褪色，可以长时间保持色彩鲜艳；二是在阳光照射下闪闪发光，流光溢彩，有一种金碧辉煌的感觉。

关帝庙的中轴线与隔海相望的文峰塔相对，中轴线与塔尖成一条直线，在古代没有任何精密仪器的情况下，还能建造得如此精确，确实罕见，真可谓是巧夺天工啊。

大殿、前殿屋脊都塑有"双龙抢珠"及"凤凰飞舞"的瓷雕。庙内的金木雕和石雕更是巧夺天工，金碧辉煌。主殿下的水磨青色大陛石上，雕刻一条罕见的盘龙，腾云吐珠，峥嵘露角。

八仙过海 道教传说吕洞宾等八位神仙途经东海去仙岛，他提议各自投一样东西到海里，然后各显神通过海。于是铁拐李、蓝采和、韩湘子、吕洞宾、张果老、汉钟离、曹国舅、何仙姑分别把自己的拐杖、花篮、箫、拍板、纸驴、鼓板、玉、竹罩投到海里，站在上面逐浪而过。

大学士 又称内阁大学士、殿阁大学士等。明成祖选翰林等入职文渊阁，参与机务，称为内阁，有人便渐升为大学士，但品阶只有正五品。明仁宗增置谨身殿大学士，后大学士常兼任尚书，地位尊崇，为皇帝起草诏令，批奏章，虽无宰相之名，而有宰相实权，号称辅臣。

据说这样的盘龙大陛石在普天下只有两块，另一块在北京的故宫，是同一对师徒雕刻的。

关帝庙里的镏金木雕和石雕刻都出于历代名家之手，绝对是上乘珍品。

主殿石柱上悬挂着明代武殿大学士黄道周题写的一副对联：

> 数定三分，扶炎汉，平吴削魏，辛苦倍常，未了一生事业；
> 志存一统，佐熙明，降魔伏虏，威灵丕振，只完当日精忠。

这副对联概括了关公一生的丰功伟绩，也表达了黄道周对关公的仰慕之情。

大殿有3个门，中门两侧各有一石鼓，石鼓上架着蟠龙镏金木棒，称为"龙档"或"皇档"。顾名思义，龙档就是将人们挡在外面不能从中间门进关帝庙，只有皇帝来了才能从中门进，这也是表示对关帝的敬意。

庙内还保留有许多明清和近代的石刻、木刻、对联以及匾额。主殿的正中央，悬挂着关帝庙的镇殿之宝，也就是清朝咸丰皇帝御笔的"万世人极"的匾额，

■ 清代关帝庙琉璃池

这是对关羽最高的评价，意味关羽的品格，是后世人们学习的榜样和做人的准则。

在这个匾额的下面有两尊关帝神像。一尊被称为"镇庙神"，是根据《三国演义》中关羽形象描绘而雕刻成的。

后面一尊关帝神像是坐在轿子里的，可以移动。每到关羽诞辰期间，东山人们就会抬着这尊关羽神像在大街小巷游走，以示恩泽百姓。

在关帝像两边还有四尊泥塑，分别是关羽生前的四员大将：持大刀的是周仓，捧大印的是关平，以及王甫和赵累。这四员大将跟着关羽驰骋疆场，屡建奇功，死后也忠心耿耿地护卫在关羽的身边。

大殿东侧悬挂着一口清朝道光年间所铸造的铜钟，声音洪亮，响彻天际。整座关帝庙布局严整有序，气魄非凡。

值得一提的是，普天下的关帝庙，在关帝座前的只有两名侍将，一个是持刀的周仓，另一个是捧印的关平。唯独东山的关帝庙，与众不同。

除了持刀的周仓外，其身后神龛里还坐着另一个周仓，而且其相貌也和立着的周仓有所不同，是白净脸庞五绺须。这是为什么呢？

■ 福建东山关帝庙房檐建筑

对联 也叫作楹联或对子，是我国古代语言最为独特的一种艺术形式。对联习俗源于我国古代汉语的对偶现象，一般写在纸、布上或者是刻在竹子、木头和柱子上。对联讲究对仗工整，平仄协调，字数工整，是中华民族文化的瑰宝，对于弘扬民族文化有着重要价值。

绵延的供庙

■ 关羽塑像

缙绅 我国明代的封建特权阶层，地位仅次于贵族地主，是明朝维护封建统治最为重要的一个阶层，包括各级官吏以及国子监和府州县学的生员。同时，他们的妻子也享有相应的特权。后来统称为当官的，或者说是曾经做过官的人。

这里面还有一个神话典故。说是宋末忠臣陆秀夫曾经附神在东山关帝神像上，享受民间的香火。后来，宋朝幼主赵昺也附神在了周仓的身上。

这一来，陆秀夫就大伤脑筋了。按庙里神位，关帝为主，周仓是侍将。但是，赵昺终归是君，自己毕竟是臣，总不能叫主子天天站立在自己身旁吧！这该怎么办才好呢？陆秀夫只好托梦给关帝庙的庙祝。

后来，还是东山老百姓给想出了一个两全其美的办法。他们给宋帝赵昺附神的周仓另外安排了一个座位，立了一个神龛在旁边，并免除了他持刀的职务。等到关帝出巡时，另备白马一匹，供他代步。

但是，人们总觉得在关帝座前，仅有关平侍立，看着不顺眼，所以又塑了周仓原形，持刀侍立，这就是东山关庙有两个周仓的原因了。

其实，这种传统，只不过是戍边的将士借关羽不忘故乡的忠义，来寓托自己不忘故乡的情思罢了。

我国台湾的关帝信仰是仅次于妈祖信仰的第二大民间信仰。岛内的几百座关帝庙，都是从东山关帝庙分灵过去的。

据说在明朝万历年间，有一艘泉州的船舶在铜山港停泊，船主姓陈，他听说关帝神威灵应，就特地到关帝庙进香，请求分灵到船中奉祀。

后来，船主将船中奉祀的关帝送到了我国台湾的凤山，也就是后来的我国台湾的高雄，兴建了文衡殿，成为我国台湾南部较早的关帝庙。

东山关帝庙充满着不少神秘的色彩。修建东山铜陵关帝庙的不是官府、缙绅和道士，而是来自南少林寺的高僧，它是普天下最奇特的儒释道三教合一的民间信仰神祠。信徒共尊的神明，千余年而不绝。

据该庙《铜陵关帝庙世系略谱》记载，该庙自清初起被南少林武僧香花僧管理了几百年，普天下能够做到佛谛俗谛并观的实属难得，这不能不说是我国宗教民俗文化史上一个非常奇特的文化现象。

东山关帝庙香火鼎盛，历数百年而不衰，东山人们对关帝的崇拜至诚至敬无以复加，可以说是普天下关庙之最。

东山的人们，几乎家家户户大堂正中都悬挂着关帝的画像和楹联，历代相传已成民俗，其普及之广普天下绝无仅有。

每逢农历初一、十五，很多东山人会到关帝庙来拜关帝。不管遇到什么大事小

佛谛俗谛 佛谛是指佛教教义。意谓真理或实在。主要有二谛、三谛、四谛等不同说法。俗谛又称"世谛"或"世俗谛"，指佛教依照事物的现象来阐述一些通俗易懂的道理，以使更好地让世人理解。又可引申关浅显的道理。

■ 翡翠关公像

烟雾缭绕的关帝庙

事，更会到关帝庙来求签，求关帝指点迷津。

传说明末将领郑成功在出兵收复我国台湾之前，就曾到东山关帝庙求得吉签，他果然旗开得胜，收复了台湾。

总之，东山关帝庙是我国古代文化的精品，是关帝文化极其重要的历史性丰碑。

阅读链接

相传明代正德年间，有人得到了一块上好的陡石，当时东山关帝庙正在重修，这人就将陡石献给了关帝庙，并请来师徒两人雕这块石头。

师傅决心将这块陡石雕成一块独一无二的盘龙石雕，可是刚开工之时，师傅恰好家中有事回家了。

这徒弟左等右等不见师傅回来，就大胆地试着运用压缘法的雕刻技法，将盘龙雕刻在这块陡石上了。

待师傅从家中赶回来时，看到徒弟的杰作大加赞赏说："真是有状元学生，没有状元老师啊！"

林庙合祠的洛阳关帝庙

    洛阳关帝庙也称关林庙，位于河南洛阳城南近7000米的关林，北依隋唐故城，南临龙门石窟，西望熊耳青黛，东傍伊水清流，是武圣关羽葬首之所，也是我国唯一的林、庙合祀的古代经典建筑。

    洛阳关帝庙始建于汉代，经明朝重新修葺后，占地达180余亩，有

■ 洛阳关帝庙

■ 关林庙

乳钉 我国古代常用的一种纹饰，乳钉经常出现在青铜器上，是最简单的一种纹饰，通常是排成单行或者是方阵的凸起乳突。还有一种图案，就是乳钉置于斜方格中，称为斜方格乳钉纹。乳钉盛行于商周和殷周时期，最初的乳钉突出比较高，周边还有呈柱状形的。

明清殿宇廊庑150余间。

关林的主要建筑均在中轴线上，关林正门为五开间三门道，朱漆大门镶有近百个金黄乳钉，享有帝王的尊贵品级。

正门上，有12幅明代浮雕木刻，说的是桃园三结义、三英战吕布等故事。

大殿正中为关公身着帝王冠服的坐像，面上涂金。左边是周仓、廖化，右边是王甫、关平。周仓持刀，关平捧印，皆穿铠甲，廖化、王甫则是文职装束，面带笑容，像皆高逾5米，背后又有关羽、关平和周仓3人的戎装像。

二殿即武殿，上面的匾额"光昭日月"为光绪题字，正中关羽戎装座像，周仓、关平分侍左右。传说关羽为丹凤眼，平时眯着，一旦睁开，那就预示着关羽要惩奸除恶了。

这座关羽座像就是睁着眼睛的，他目视东南，面带杀机。因为东南方向正是东吴的地界，关羽被东吴所杀，所以怒视东吴，誓要向孙权讨还命债。

三殿即春秋殿，硬山式建筑结构，面阔五间，规模较小，内塑关羽夜读《春秋》像、关羽出行图和睡像，所以也被称为寝殿。读书像中关公的长髯几乎要垂到地面，凸起的"将军肚"是这座像的精华。

据说古时候为了把人像塑造得威武不凡，通常会采取两种做法，一种是把像塑得很高大，一种是给人物塑一个将军肚。关公睡像有个机关，一按动这个机关，这个像就能坐起来。

关林俗称关帝冢，关羽墓就建在轴线建筑的最后。关冢平面为不规则的八角形，围墙用砖砌，占地约250平方米，冢高10米，犹如山丘。

王甫 三国时期蜀国的一位武将。本为刘璋部下的州书佐，之后归降刘备，是关羽的随军司马，曾经按照关羽的吩咐在长江沿岸建造烽烟台，以抵御吴蒙的攻击，后来荆州沦陷，同关羽一起困在麦城，当得知关羽父子被杀害的时候，拒绝投降，大叫一声跳城而死。

045

忠义之魂

关帝庙

■ 洛阳关帝庙内关帝塑像

传说关羽的首级就埋葬在此冢内。冢前的石墓门为1707年所立，额题"钟灵处"3个大字。墓门两侧刻有对联：

神游上苑乘仙鹤；
骨在天中隐睡龙。

　　表达了人们对关羽的思念之情。

　　石墓门上留有两个投币用的小孔，左为祈求平安，右为求财。人们在此拜过关公之后就将硬币分别投入孔内，若听到当啷之声，就意味着心到神知，会得到关公的庇护。

　　关冢始建于汉末，如今绿草如盖，高峻出尘，虽江山已改，但关

关羽石墓门

冢依然。"关林翠柏"是"洛阳八小景"之一，古柏千章，葱茏回合，每当大雨急住乍晴之时，云气如烟，似袅袅香篆，悠悠绕冢流走，奇幻异常。

　　根据陈寿《三国志·武帝记》记载，公元220年春，曹操到洛阳不久，孙权就袭击并擒杀了关羽，最后派人将关羽的首级献给了曹操。

　　刘备、关羽、张飞桃园结义之后，关羽跟随刘备转战南北，为匡复汉室

■ 关林庙碑亭

立下了汗马功劳。公元219年，关羽发起襄阳战役，斩庞德，擒于禁，威震朝野，孙权弃信义背叛孙刘联盟，出兵偷袭荆州，致使关羽功亏一篑，败走麦城，突围时在当阳西北被孙权的部将潘璋和吕蒙虏获杀害，大义归天。

孙权害怕刘备起兵为关羽报仇，就将关羽的首级连夜献给身在洛阳的曹操，企图嫁祸于他。曹操识破孙权的计谋，又敬重关羽的忠义，就刻沉香木续为躯，以王侯之礼厚葬关羽于关林。

千百年来，关林都因厚葬关羽首级而名闻天下。这里峻宇连甍，古柏森然，淄素入庙，视为严宫，形成了浓厚的关公文化氛围。

汉代在关庙原址扩建才形成了庄严宏伟的关羽朝拜圣域。

张飞 字翼德，河北涿郡豪绅，三国时蜀汉名将，雄壮威武，颇有胆识，被称为"万人敌"。他跟随刘备起兵。曾率领20骑阻挡了数千虎豹骑追兵，助刘备脱险。入川后又出奇兵破敌将张郃于宕渠。张飞性格素爽，敬君子而不恤小人，曾义释严颜，又爱鞭挞部下。官至车骑将军，封西乡侯。与关羽、诸葛亮并称"蜀汉三杰"。

1648年，清顺治皇帝谥封关羽为"忠义神武关圣大帝"，立碑建奉敕碑亭。亭盖坡面覆满了绿色的琉璃筒瓦，瓦头雕龙，雄狮、宝瓶、仙人沿脊排列，这在清代亭式建筑中是少见的。

碑亭结构十分复杂，拱昂上下连接，环环相扣，形成了一座密檐式亭盖。整座碑亭没有一颗铁钉，均为榫卯结构，构筑十分奇巧，造型典丽，尽显鬼斧神工之妙，虽历经百余年风雨，但仍巍然屹立，充分显示了民间艺术家惊人的创造力。

亭内立有"忠义神武灵佑仁勇威显关圣大帝林"碑，碑阳屡有变化，碑阴刻有董笃行在乾隆年间撰写的关羽生平事迹及封号等情况。

1666年，清康熙帝敕封洛阳关帝冢为"忠义神武关圣大帝林"，此后，历代帝王不断对关帝冢加封，乾隆皇帝谥封为"灵佑"，庙碑磨石重刻。嘉庆皇帝追封为"仁勇"，庙碑再次磨石重刻。后来道光皇帝也谥封关帝冢为"威显"。

每年这里都会举办隆重的洛阳关林朝圣大典，届时，天下的关庙人士和宗亲组织就会云集在关林，举行盛大的朝拜仪式，关林成为海内外华人谒拜的圣域。

阅读链接

据说关羽并不姓关，而是姓冯，名贤，字寿长，从小就力大无穷，非常具有正义感，并且不受管束，因此，父母对他的管教甚严。

一天，冯贤在街上闲逛，碰到一对父女，因为县尹舅爷要强娶小女为妾而抱头痛哭。于是，愤怒的冯贤仗剑前往县署，杀了尹舅爷并逃到了潼关。

见捉拿他的官吏手中持有画像，他就随手抓了一把鸡血涂在脸上，指关为姓，指鸟为名，骗过了对他盘查的官吏。可是，涂在他脸上的鸡血却无论如何也洗不下去了，于是，冯贤就改名为关羽，以红脸示人，成了一位赤面长须的英雄。

关羽长眠之地当阳关陵

　　湖北当阳关帝庙也称关陵，是埋葬关羽身躯的地方．距当阳3千米，是我国著名的四大关庙之一，它始建于东汉，称"汉义勇武安王祠"，1536年整修陵庙，始名关陵，已经有1700多年的历史了。

　　公元219年，关羽败走麦城后被吴兵所杀，孙权怕刘备报杀弟之仇，就将关羽的首级献给曹操，并将关羽的正身以侯礼葬于当阳城西北，是一座土冢。

■ 当阳关陵

■ 当阳关陵石牌坊

自隋唐以来，历代皇帝就一直给关羽加封，使其成为武圣人，直至关帝，他的陵园也随之不断扩大，形成了宏伟壮观的规模。到了嘉靖年间，已成为陵园建筑群，始名关陵，并且一直沿用。

关陵坐落在当阳西约3千米处。陵庙坐西朝东，面临沮水，与景山遥遥相望。宋代以前，关羽墓冢还是座掩隐在林木中的小土丘，1188年，襄阳太守王铢对关羽墓培土加封，并"始建祭亭，环以垣墙，树以松柏"。

元朝时期，玉泉寺住持僧慧珍派僧人到关羽墓地，重新修葺山门，并留在那里看管陵墓。1467年，当阳知县黄恕上书朝廷，请求为关羽墓地建庙，得明宪宗恩准后，才大兴土木，形成庙院，建筑群体落成于明1536年，占地近百亩。

关陵建筑群以宫墙相连，全是红砖黄瓦，富丽堂

皇。陵园中轴线上由前而后依次排列着神道碑亭、华表、石坊、三圆门、马殿、拜殿、正殿、寝殿、陵墓。两侧分设八角亭、春秋阁、碑廊等。

正殿为主体建筑，前檐悬"威震华夏"金匾。殿内供奉着关羽父子和周仓的塑像，造型生动，威风凛凛，气宇不凡。

寝殿内有一座高近4米，重约800千克的关公铜像。寝殿后的墓冢，高7米，周长70米，甃石为垣，加上石雕栏杆，刻有"巨龙如海"等图案。墓前碑亭中，立有"汉寿亭侯墓"碑。

整个陵园的风景幽丽，古柏参天，远山近水，四季常青，加之三国故事脍炙人口，关公品德世人景仰，所以常有信士前来拜谒凭吊。

起先，人们在当阳关陵祭拜关羽的时候，是手捧三炷香，在关庙内对着关羽像，口念求关老爷保佑平安等祈福之类的话。后来，逐渐演化形成一套完整的"仪注"。

当阳的关陵庙祭祀与之有所不同。明清时期，当阳关陵施行的是春秋两祭。春祭为农历四月初八的关公的封爵日，秋祭为农历九月十三即关公的升天日。后来，关陵祭祀改为农历五月十三一次祭。

关陵祭祀的等级和形式很有讲究。清代当阳关陵春祭由宜昌总镇兵官主祭，秋祭由荆门直隶州守主祭。拜殿设坛，正殿前设三牲祭品，寝殿和陵墓神位前各设香盏果品，参祭官员斋戒沐浴，依品阶从三元门中门和左右侧门进入。主祭官员率僚属在正殿神像前的拜殿内行叩拜礼，烧香化纸，由礼仪师行令和诵祝文。

同时，在庙内也开展一些狮子、高跷、采莲船、腰鼓等民间艺术表演，也有大型民俗剧当阳杀故事《关公过五关》等艺术精品，是关陵庙会上最吸引眼球的一个亮点。

祭祀期间，各地商贾云集，官人游客，人物荟萃。经商的，卖艺的，开店的，唱戏的，七十二行各显神通，形成了庙会。庙会在满足达官贵人祈安求福的同时，也促进了城乡物资的交流，满足了老百姓的需要。

阅读链接

关羽死后，孙权曾经将关羽的首级放在一个匣子内献给了曹操。曹操打开匣子一看，只见关羽口开目动，须发皆张。

曹操吓得大惊失色，虽然他曾想过要杀关羽，但当他真见到关羽首级时，仍浑身颤抖，他哆嗦着说："关羽怎么活着令人敬畏死了仍然这么让人害怕呢！"

于是，下令设牺礼祭祀，刻沉香木为关羽刻制了一副身躯，用王侯的礼仪将关羽下葬在了洛阳的南门之外，并且还亲自前往拜祭关羽。

虽然这个传说明显是后人夸张渲染，但是在关羽死后，头的确是被葬在了河南洛阳，身子葬在湖北当阳。在洛阳、当阳各有一处关羽墓，所以都说关羽"头枕洛阳，身卧当阳，魂归山西"。

城隍庙，起源于古代的水庸祭祀，为《周宫》八神之一。城原指挖土筑的高墙，隍原指没有水的护城壕。为了保护城内百姓的安全，古人造城时修了高大的城墙、城楼、城门、壕城和护城河。

古人认为，与人们生活和生产安全密切相关的事物都会有神的存在，于是城和隍就被神化为城市的保护神。

后来，道教把城隍纳入自己的体系，称作斩除凶恶、保国护邦的神，并管理阴间的亡魂。

城隍庙

三庙合一的平遥城隍庙

平遥城隍庙钟楼

平遥古城的城隍庙街东段，向来以文化氛围浓厚而著称，是九流百家的聚集之地。城隍庙是一座以城隍庙为主体，在位置上形成城隍庙、财神庙和灶君庙三庙合一的道教神庙。

据历史文献记载：平遥城隍庙庙群的初创年代不晚于元代，后来城隍庙曾因遭到火灾而被焚毁殆尽。明朝开国皇帝朱元璋十分重视城隍之祀，他说："朕立城隍神，使人知畏。人有所畏，

■ 平遥城隍庙正殿

则不敢妄为。"

1369年，明洪武年间，皇帝对京都及天下城隍封爵进位，封县级城隍为显佑伯，秩四品。1370年，朝廷整顿祀典，下诏取消了城隍的封号，义令天下府州县仿照各级衙门的规制，建造与之对应的城隍庙。

明嘉靖年间，朝廷对平遥城隍庙进行了重修，后来又经过多次修葺。清朝同治年间，人们又对平遥城隍庙进行了重修，历时6年，并塑像160余尊，大部分建筑得以恢复。

城隍庙坐北向南，布局规整，庙貌宏伟，总占地面积7300多平方米，庙区面积4552平方米。

沿轴线建筑有牌楼、山门、戏楼、献殿、城隍殿、寝宫，层层叠进、风格迥异。总体布局既有寺庙建筑配置特色，又有官置建筑意趣，所谓"前朝后寝"的功能分区体现得十分鲜明。

朱元璋 字国瑞，原名重八，后取名兴宗，是明朝的开国皇帝，国号大明，年号洪武，后逐渐建立了全国统一的政权。为进一步加强中央集权，朱元璋废丞相，设承宣布政使司、提刑按察使司、都指挥使司三司分掌权力。

绵延的供庙

■ 城隍庙内古朴的
建筑

卷棚顶 我国古
建筑屋顶形式之
一，为双坡屋
顶，两坡相交处
不作大脊，由瓦
垄直接卷过屋面
成弧形的曲面卷
棚顶整体外貌与
硬山、悬山一
样，唯一的区别
是没有明显的正
脊，屋面前坡与
脊部呈弧形滚向
后坡，颇具一种
曲线所独有的阴
柔之美。卷棚顶
形式活泼美观，
一般用于园林的
亭台、廊榭及小
型建筑上。

城隍庙建筑群坐北朝南，前后四进院落，城隍庙附属建筑游廊、官厅、东西廊庑纵深相连，贯穿为一体，与高大、威严的主体建筑相配，构筑成严密、封闭的建筑氛围，折射出一股阴世、阳间轮回转动的森然气氛和天网恢恢疏而不漏的思想。

城隍庙前是一座戏台的背面，庙里唱戏，都是唱给神听的。所以，戏台是面朝里而背朝外的，在门匾上还写有"敢入"两个字，是我国清代著名书法家傅山所写。"入"字的写法看起来非常像"刀"字，对前来的众人提出严厉质问："敢入吗？"

因为城隍神上管人间下管阴间，是惩恶扬善之神。只要是做过好事的人，不管是从哪来的都是敢入之人。两边是钟鼓楼，是我国古时的计时工具。

戏台修得比较低，需弯腰低头才能进入，表示对前方神灵的尊敬。进来之后，前方的建筑就是城隍庙的总体格局。

城隍庙的庙门外建有牌坊、照壁和木构架的左右过街牌坊，东为"一方保障"坊，西为"万姓饼檬"坊。城隍庙内格局与平遥县衙署相对应，自南至北有山门5间，左右钟鼓二楼，为两进院落；东、西厢皆有廊庑拱围。献殿左右，分别有灶君庙、财神庙横向连接着。

庙内外院有东西游廊各13间，中院正面高台基上献殿5间，硬山卷棚顶，斗拱七踩，双昂，前出歇山抱厦。殿前两侧有碑亭、石狮和旗杆，对称排列。

东西廊房各9间，硬山顶。廊房的南面，有"酆都城"和"转生堂"。

酆都城是传说中的阴曹地府，人死之后都去走一遭。整个殿内阴森恐怖，四周墙壁上刻绘了阴曹地府和十八层地狱，有拔舌地狱、剪刀地狱、冰山地狱和

阴曹地府 掌管万物生灵生命的地方，凡天地万物，死后其灵魂都被黑白二无常拘到阴界，其在阳间的一切善恶都要在此了结。正所谓是活人在阳间，死人在阴间，阳间一个世界，阴间一个世界。在我国，大量的古代神话和佛教典籍中都有阴曹地府的记载，中国人把世界万物都分为两极，这就是中国的阴阳学说，是我国古代哲学的重要组成部分。

■ 平遥城隍庙内的香炉

绵延的供庙

拱券 我国古代的一种建筑结构。简称拱，或券，又称券洞、法圈、法券。它除了竖向荷重时具有良好的承重特性外，还起着装饰美化的作用。其外形为圆弧状，由于各种建筑类型的不同，拱券的形式略有变化。

油锅地狱等。

这十八层地狱中的人物狰狞恐怖，画面残酷，极为痛苦，旨在劝诫人们在活着的时候多做善事，多积德，并好好珍惜现有的生活。如果做恶事，死后就会在十八层地狱受苦。

正殿之后为寝宫，正中两层，下窑上阁，各5间，窑带前廊，阁为硬山顶。寝宫有左右厢房各3间，耳房各一间。

在庙的东北隅建有"灶君府"，并设有道士室。中轴线上的各层建筑屋顶，均以蓝、绿色琉璃瓦饰覆盖，色彩艳丽，多为明代遗物，工艺精湛。

灶君庙之后是道院。财神庙的正位是财神殿，上建真武楼，前有献殿，对面是一座建筑工艺精湛的戏台，别出心裁地建在拱券山门之上。

在正殿的山墙上还绘制有城隍出巡图，场面壮观，造型生动，取材于世俗，意趣横生，是清代道教壁画中的佳品。在寝宫内的清代壁画中，更难见人间与神界的差异。

庙群以东，曾有娘娘庙、三官庙、太子寺、观音堂等紧紧相邻。平遥人善视外来宗教，在1810年的清宣统年间，天主教也凑进这儒释道相互融合的建筑群中。于是，一座充满欧式建筑风格的天主堂赫然出现，成为昔日多元文化的中心。

■ 平遥城隍庙内的石塔

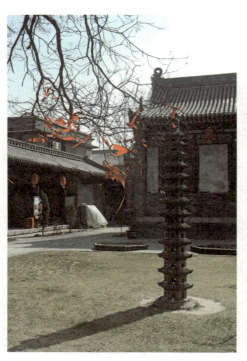

城隍庙的历史文化内涵十分丰厚，儒教、道教、民俗文化相融为一体。这些文化内涵不仅体现在泥塑、壁画之中，就连殿宇建筑形式、月台乐楼、木刻砖雕等各个方面，也颇有情趣。

城隍庙在建筑结构上也很有特色，庙内各殿宇的木结构形式，开间、上限、木雕雀替图案以及琉璃构件的使用，都严格遵循当时的封建礼制，而且工艺上乘，多有独到之处。

平遥城隍庙内神像

每间亭台楼阁，都注重雕梁画栋，精磨细琢，十分考究。从一个侧面展示了平遥县在明清代商帮经济的发达程度和雄厚财力，以及由此而产生的高雅文化需求。

阅读链接

相传平遥城隍神年轻气盛，而且智慧超人，可以说是无所不知，无所不能。

一次，平遥城隍神与介休城隍神在一块下棋，平遥城隍神戏言说，我若赢你，你那位贤惠夫人就得归我所有。

介休城隍神内心不服，也想一战，就一口答应下来。最后，平遥城隍神为胜，这样，戏言一语成真，平遥城皇神没有办法，只好将介休城隍神的夫人带回，并为她营造了一个诗情画意的小楼阁，金屋藏娇。

在城隍神赶庙会期间，介休城隍神还会派人到平遥城隍庙举行一年一度的梳头仪式，这种习俗一直延续多年，更让人们确信了城隍神的存在。

道教一派的西安城隍庙

　　西安都城隍庙位于西大街中段，1387年建于明朝洪武年间，由明太祖朱元璋敕建，由朱元璋次子秦王朱樉负责监修，在唐辽王府的基础上扩建而成。

西安都城隍庙牌楼

修建之初，被朱元璋敕封为都城隍庙，统辖西北诸省大小城隍。在城隍信仰的序列中，都城隍庙是级别最高、影响最大的。

西安都城隍庙内戏楼

朱元璋在统一完善我国城隍祭祀制度的同时，还下诏令所有的地方官员在上任之前，必须在城隍庙吃住几天，并要向城隍爷发誓上任之后敬民、爱民，同时要求城隍爷监察自己的行为。

朱元璋认为，这是为了要让人知道畏惧，人有了畏惧，就不敢胡作非为了。他强调，人要有三畏：上畏天，下畏地，中畏老百姓。地方官如果不能造福一方，就会失去民心，从而失去天下之心。

自元朝定都北京以后，西安就失去了作为国都的优势和辉煌。明清之际，经济中心也以江南为主，陕西渐渐成为西北偏远落后的地区，但当年朱元璋敕建的都城隍庙，威严依旧，雄伟依旧。

总督 清朝时期对统辖一省或数省行政、经济及军事的长官称为"总督"，尊称为"督宪""制台"等，官阶为正二品，但可通过兼兵部尚书衔高配至从一品。与只掌握一省行政事务的巡抚不同，总督兼管数省，同时在政务之身也兼掌军务。

绵延的供庙

■ 西安都城隍庙的
正殿

1723年，一场火灾烧毁了都城隍庙大部分建筑，时任川陕总督的年羹尧将军，下令拆除了明秦王府，用秦王府的木料重修了都城隍庙。

重修之后"规模宏大，殿宇辉煌，碧瓦丹檀，雕刻精美，地基之广，甲于关中"。

庙门口有5间大牌坊，斗拱飞檐，气宇非凡，蔚为壮观。牌坊前由一对铁狮子镇守，山门内有一条百米长的青石甬道，两侧则是威武雄壮的"帅神"相封守护。

由南向北，依次是文昌阁、钟楼楼、二山门、戏楼、牌坊、大殿、二殿、牌楼、寝殿。两侧是道众居住修真的东西道院，共有33宫。

整个庙观布局整齐，左右对称，规模宏大，碧瓦丹檀，雕梁画栋，巧夺天工，美轮美奂，是一座建筑艺术的宝库，也是道教文化的圣地。

旧时，这里信众如潮，香火鼎盛。周边地区信众"过境必经"，常常人潮涌动，摩肩接踵。

经年龚尧将军新建的牌楼由6根正柱，12根辅柱，12根戗柱支撑，一个主楼，两个次楼，5开间组成。新牌楼总高14.5米，面宽32米。主楼斗拱19踩，次楼斗拱15踩，托起8.1米进深的宏大屋面。其规模之大，规格之高，举国罕见。

牌楼正面大匾上书有4个贴金大字"都城隍庙"，背面同样书4个贴金大字"你来了么"。这八个字均选自唐代书法家颜真卿的真迹。

城隍庙牌楼的匾非常有意思，背面"你来了么"，亲切中又透着调侃，说明城隍庙在古代是一个非常受老百姓喜爱的场所。同时，这句"你来了么"也是一句警语，提醒要时常检点自己。

进城隍庙千万"莫光光磕磕头去"，而"要细细问问心来"！

牌楼的正、背两面的正间是孔雀蓝衬底的二龙戏珠图案，描绘了两条龙追逐着火焰宝珠的场景。二龙戏珠的两边分别是一条坐龙。正间的四角上还分别刻着两条行龙。

正间的两边分别是东、西侧间，每个侧间上各有一幅石绿色衬底

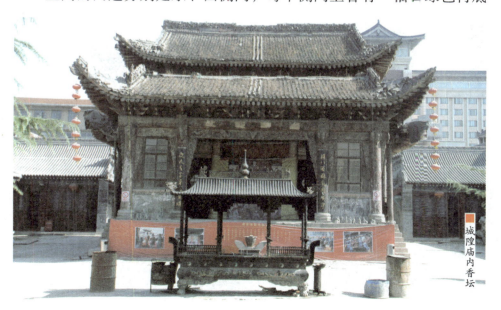

城隍庙内香坛

的 "龙凤呈祥" 木雕彩画。龙凤呈祥两边则分别是一只啜花凤凰。

每个龙凤呈祥木雕彩画的四角上还分别刻着牡丹花。整座牌楼巨柱雄立，角檐飞展，雕饰扬祥瑞之气，彩绘闪金碧之辉。牌楼和紧挨骑楼上的所有龙、凤、花纹饰共耗费了约5万张南京"御用"贴金，非常珍贵。

牌楼里是城隍庙的骑楼，高15米，面宽17米，进深为10米左右。骑楼在保持旧貌的基础上被后世重建，为楼阁式建筑，由两层楼、三开间组成。骑楼的二层楼顶是歇山顶，一层楼顶则为顶。

楼顶从上至下依次由垫板枋、斗拱、平枋构成。平枋上绘有《蔓草围绕三火珠》的图案。骑楼上还雕刻雀替。骑楼一层的天花板为藻顶，绘有莲花图案。整坐骑楼美轮美奂，艳丽而不失典雅，秀美却不失庄重。

从宗教上说，西安的都城隍庙是道教正一派的道场，这个教派以《正一经》为主要经典，主要法术是画符念咒、祈禳斋醮，为人驱鬼降妖，祈福禳灾。

其道士可以不住宫观、娶妻生子。这个教派在明代所编的《道

西安都城隍庙古建筑

藏》共512函，为保留道教文化做出了很大的贡献。

西安都城隍庙保存并仍在演奏的"城隍鼓乐"被誉为"中国古代音乐的活化石"和"西安古代的交响乐"，是我国音乐的一朵奇葩。

保国护邦

城隍庙

阅读链接

各地城隍是各地的神，那么西安城隍庙的城隍神又是谁呢？一说是纪信。

纪信是楚汉相争时刘邦手下的名将，《汉书·高帝纪》记载，荥阳大战遭项羽围困，即将破城时，纪信为救汉王刘邦，连夜出荥阳东门并高喊："粮食已尽，汉王降楚！"刘邦成功脱险，而纪信却被项羽烧死。

后来刘邦建国后封臣时，却忘了纪信，后世多有文人为纪信鸣不平。纪信作为功臣名将，被后人尊为西安城隍神是有可能的，在西安城隍庙墨写的神位上就是纪信。

此外，还曾有人建议让娄敬作为西安城隍神，娄敬的历史地位虽不够显赫，然而正是他力劝汉高祖刘邦定都关中，修建了汉长安城，才有了西安的汉唐盛世辉煌。娄敬后来隐居龙门修道，本身又是道教神仙，所以充当城隍神是理所当然。

颇具特色的杭州城隍阁

杭州城隍阁位于浙江省杭州市吴山之巅，吴山是七宝山、紫阳山、云居山等几个小山的总称，总面积有6600平方米。

周新祠位于城隍阁前，俗称"城隍庙"，庙内供奉的是杭州的城隍之神周新。

杭州城隍阁远景

周新是明朝永乐年间的浙江按察使，周新为官刚正不阿，惩治腐恶，执法如山，深受人民的爱戴，人称"冷面寒铁"，后来因受诬陷而被明成祖杀害。

为了平息民愤，明成祖将周新封为杭州的城隍，并在吴山上为他修建了城隍庙，以供香火。

周新祠的规模不大，但是却别具风采。周新祠的门口矗立着一口大钟，相传这口大钟是一口平安钟，只要敲3下就可以保平安。

门前横匾上有"冷面寒铁"匾额。殿内共塑神像3尊。正中供奉的就是周新，周新的座像总高5米，身边站立的分别是手执兵器和印鉴的文武官员，每个高3.8米。这3尊像共用金箔20两贴面。

周新像的顶部是神龛，长2.5米，宽2.8米。

在周新祠的殿堂内，四周墙壁上绘制了6幅画，内容为周新执法如山、微服洞察民情以及被封为城隍的过程等，笔锋流畅，画面精美。

■ 杭州城隍阁正门

在周新祠的正对面有一处碑亭，亭子中立着"吴山天风"碑。碑亭外一副对联："湖影长堤分内外，江流至浙划东西。"

周新祠后则为城隍阁，为七层仿古建筑，整体造型具有南宋和元代的建筑风格。城隍阁高约40米，建筑面积达4000平方米左右。

城隍阁主顶顶端为葫芦状宝瓶造型，4个副顶顶端设凤凰造型，整座楼阁仿佛一群展翅翱翔的凤凰，又如仙山琼阁倚天耸立，令人神往。

城隍阁的洞门用蘑菇石砌造而成，底部呈块石状垒筑的坚实基座，象征着古老的杭州城墙所蕴含的悠久历史。

按察使 官名。唐初仿汉刺史制设立，主要任务是赴各道巡察，考核吏治，由宋代提点刑狱演变而来。明朝省级地方官员分为三司，分别是布政使司、按察使司和都指挥使司，布政使管"民政"，按察使管"刑名"，都指挥使则管"一省兵务"。清朝布政使主管民政赋税，按察使职掌不变，都指挥使废置不设。

抬头遥望，二楼"城隍阁"匾额两旁的楹联为：

八百里湖山，知是何年图画。
十万家灯火，尽归此处楼台。

四楼的匾额则是用篆体书写的"风华竞茂"。

城隍阁的一楼采用了江南特有的木雕、线刻和彩塑工艺美术手法，精心制作了8幅反映南宋时期杭州的风土人情、西湖民间故事和历代与西湖有关的名人工艺品等。

有雕塑彩绘《斗茶图》、东阳木雕《西湖天下景》、雕塑彩绘《西湖龙舟竞渡》、立体硬木彩塑画《南宋杭城风情图》、青石线刻《西湖古代名人》、青石线刻《西湖民间故事》、彩金木雕《南宋宫廷大傩图》和雕塑彩绘《南宋货郎车》等。

瓯塑 俗称彩色油坭塑，又称"彩色浮雕"，是浙江温州独有的民间艺术，也是温州市独有的传统工艺美术品。它是用桐油和泥碾细合成为原料，运用堆塑技艺的手法，用于装饰寺院、庙宇门壁和民间嫁妆品，广泛应用于建筑浮雕、壁画、装饰图案及艺术挂件等。

■ 杭州城隍阁一景

■ 杭州城隍阁内镇
海楼

特别是大型立体硬木彩塑画《南宋杭城风情图》，整件作品长31米，高4米，深2米。

彩塑画以杭州历史上最辉煌的南宋为时代和社会背景，对当时作为京都杭州的皇城宫阙、官署民舍、街巷河桥、店铺瓦子、庙塔园墅以及社会各阶层的日常生活、文化活动场景做了详尽的再现和描述。

观赏这幅《风情图》，就犹如凭栏眺望一座气象宏伟、内容丰富的我国古代名城一般，具有浓郁的杭州地方特色的历史文化与民俗风情。

二层设有瓯塑展，瓯塑产于浙江温州，由于温州旧时称作东瓯而得名，民间也称之为油泥塑。整个展厅用非凡的手笔共布置了11幅大型壁塑，从不同的侧面反映了与杭州吴山有关的历史事件、人物和故事。

这11幅壁塑为：《孙权收宝岛图》《大江风采图》《宋孝宗砸匾图》《乾隆除恶霸图》《一词识柳永图》《兵围韩王府图》《施全刺秦桧图》《温日观骂贼图》

壁塑　我国绘画、雕塑合一的一种艺术形式。借壁势塑造神鬼、人物、山水、楼阁等像，并施以色彩，形成圆雕与浮雕相结合的特殊样式。唐杨惠之的壁塑，时称天下第一。据说北宋画家郭熙见了杨惠之的山水壁塑，受到启发，以手堆泥于壁，使成凹凸之状，待干后，随其形迹用墨晕成山峦林壑，称为"壁影"。

杭州城隍阁夜景

《怒毁魏阉祠图》《吴山清韵图》和《胡雪岩助银图》，人物造型优美，栩栩如生。

城隍阁的三楼以上则以休闲、赏景、接待、品茗为主。登上城隍阁凭栏远眺，北望西子湖，波平如镜，轻舟荡漾。东眺市区，高楼广厦，栉比鳞次，繁华街市，尽收眼底。南观钱塘江，波涛滚滚，片片帆影消失在云水之间。西览群山，松声竹韵，山峰沉浸在烟云雾霭之中。

倘若夜登城隍阁，全城灯光闪烁，与天上的皓月繁星相争辉，其情其景尽显徐渭"八百里湖山知是何年图画，十万家灯火尽归此处楼台"的风情。

阅读链接

城隍阁一楼的第一幅作品为《斗茶图》，向我们生动地展示了我国悠久的茶文化历史，南宋的杭城"斗茶"活动十分昌盛，可以说是风靡全国。当时，上至达官贵人，下至黎民百姓无不以"斗茶"为乐事。

所谓的斗茶其实就是茶艺表演，不同的是当时人们喝的不是茶叶而是茶末。

人们把加工好的茶末分两次注入沸水中，经调和后茶面就会浮起一层白色的汤花，此时，比赛汤花的色泽和分布是否均匀，茶盏内沿与汤花相接处是否有水的痕迹作为获胜的标准，由于汤花是白色的，所以当时"黑瓷盏"是最受斗茶者所喜爱的茶具。

一庙二神的上海城隍庙

上海城隍庙位于黄浦区，是上海市重要的道教宫观，原为金山庙，也称霍光行祠，是汉代大将军博陆侯霍光的供奉之所。

明永乐年间，知县张守约将霍光行祠改建为城隍庙，明太祖朱元

■ 上海城隍庙牌楼

■ 上海城隍庙内的神像

璋敕封秦裕伯为上海的城隍神，庙内祀奉秦裕伯和霍光两人，俗称"前殿为霍，后殿为秦""一庙供二神"。

1535年，嘉靖皇帝下令改建山门，知县冯杉题"保障海隅"4字镌刻在山门的石碑坊上。后来在嘉庆、道光、咸丰、同治、光绪年间都有过不同程度的扩建。

城隍庙的宫观建筑不断增加，是最为繁盛的一个时期，总面积达3.3万平方米左右。

至后来，上海城隍庙称为包括霍光殿、甲子殿、财神殿、慈航殿、城隍殿、娘娘殿、父母殿、关圣殿、文昌殿九个殿堂在内的建筑群，总面积为2000多平方米。

城隍庙的大殿正门上悬挂有"城隍庙"匾额，并配以对联："做个好人心正身安魂梦稳，行些善事天知地鉴鬼神钦。"

大殿内供奉金山神主，也就是汉代博陆侯霍光大将军的坐像，左右陪侍有文判官、武判官、日巡、夜查以及八皂隶。

殿内的第一对立柱悬有对联：

知县　秦汉之后，将县令设为一县的主官。宋朝时期常派遣朝官为县的长官，管理一县的行政，称"知县事"，简称知县，如当地驻有戍兵，并兼兵马都监或监押，兼管军事。元代县的主官改称县尹，明、清以知县为一县的正式长官，正七品，俗称"七品芝麻官"。

威灵显赫护国安邦扶社稷，

圣道高明降施甘露救生民。

用来赞扬城隍神的功绩，上面悬有匾额"牧化黎民"。

第二对立柱上悬有对联，用以警示世人：

刻薄成家难免子孙浪费，

奸淫造孽焉能妻女清贞。

元辰殿又称"六十甲子殿"，面阔3间，为歇山顶式建筑结构。元，为"善"，元辰，就是指吉利时日的意思。元辰神灵是我国的年岁神灵，与每一个人的年运有关。

我国古代以天干地支循环相配，由甲子起到癸亥结束，以60为一周，故也称六十甲子，后来，道教以六十甲子配以神名，从而形成了道教的元辰信仰。因六十甲子神灵是星神，故也称"太岁神"。

在民间，人们把某年在六十元辰中所对应的太岁神称为当年的值年太岁，出生

■ 城隍庙畅熙楼

镏金 我国一项传统的工艺，由古代劳动人民在生产劳动中总结创造而出。我国的鎏金技术始于战国，同时也是最早使用这一技术的国家。鎏金是一种金属加工工艺，也称"涂金""镀金"等，是把金和水银合成的金汞剂，涂在铜器表层，加热使水银蒸发，使金牢固地附在铜器表面不脱落的技术。

之年所对应的太岁神称为本命太岁。信徒礼拜本命太岁，祈求年年平安吉祥，这种仪式被称为"顺星"。

慈航殿内供奉眼母娘娘、慈航大士和天后娘娘3位娘娘。慈航殿门上悬有对联："善恶到头总有报，举头三尺有神明。"

中间悬有"慈航普度"4个镏金大字的匾额。

财神殿内供奉文昌帝君、关圣帝君和财神，主管功名利禄、平安和财运，香火最为旺盛。财神殿门上悬有对联："生财有道义为先，学海无涯苦作舟。"上悬匾额"福佑众生"。

城隍庙的最后一进殿为城隍殿，城隍殿的两侧悬有对联以赞扬城隍神的公正无私："祸福分明此地难通线索，善恶立判须知天道无私。"上悬匾额"威灵显赫"。

殿内另有一副赞神对联："天道无私做善降祥预知吉凶祸福，神明有应修功解厄分辨邪正忠奸。"横批"燮理阴阳"。

城隍殿中央供奉的是城隍神红脸木雕像，城隍神正襟危坐，殿内整个布局仿照明代县衙的公堂陈设，仪仗森严。

城隍殿西面为娘娘殿，供奉城隍神夫人储

■ 上海城隍庙内的拱门

氏，东首为父母殿，殿内供奉城隍神的父母。

文昌殿内供奉的是文昌帝君，是主持文运功名的神。文昌帝君左右两侧是他的侍从天聋和地哑，文昌像双目深邃、神情和善。

关圣殿内供关圣帝君，左右供周仓、关平二位将军。关羽头戴冕旒，身着帝装，气宇轩昂地端坐在龙椅上，周仓、关平神色恭谦微谨，神像丰满，逼真。

1709年，清康熙皇帝下令在庙侧起造东园，乾隆时，由全县士商捐纳，购买潘氏豫园故址并归于城隍庙，称为西园。

之后又重加兴修，所费资产累巨万，极泉石之美，以作娱神乐神之用。府基一度称盛一时。豫园园内楼阁参差，山石峥嵘，湖光潋滟，素有"奇秀甲江南"之誉，具有浓郁的我国古建筑的风格和特点。

豫园园内有穗堂、大假山、铁狮子、快楼、得月楼、玉玲珑、积玉水廊、听涛阁、涵碧楼、内园静观大厅、古戏台等亭台楼阁以及假山、池塘等40余处古代建筑。

每幢建筑都是飞檐翘角、雕梁画栋，设计精巧、布局细腻，以清幽秀丽、玲珑剔透见长，具有小中见大的特点，体现明清两代南方园林建筑艺术的风格，

■ 上海城隍庙内的厅堂

夫人 "夫"字从"二人"，意为一夫一妻组成的二人家庭，用来指"外子"。"夫人"意为"夫之人"，即外子的人，也就是内子。汉代以后王公大臣之妻称夫人，唐、宋、明、清各朝运对高官的母亲或妻子加封，称诰令夫人，从高官品级。

是江南古典园林中的一颗明珠。

在老城隍庙内，还汇集了众多的上海地方小吃，绿波廊的特色点心、松月楼的素菜包、桂花厅的鸽蛋圆子、松云楼的八宝饭，还有南翔小笼和酒酿圆子，真可称得上是小吃王国了。

阅读链接

秦裕伯是元末明初时期的上海人，被称为"智谋之士"，为逃避乱世，辞官回乡。后来明朝开国后，朱元璋多次请他出山，才应允入朝。秦裕伯是前朝老臣，又精于世道，很受皇帝重用。朱元璋在他死后封他为上海"城隍之神"。

还有一种说法是秦裕伯是一个孝子，因他的母亲感叹未见过金銮殿，于是就专门建了一座像金銮殿的建筑。后被人告密，皇帝派员来查，他就连夜将殿改成金山神庙，从而躲过了一场灾祸。

清军南下时，原准备屠城，可是在进城的前一天夜里，清军将领梦见秦裕伯警告他不准杀人，这才没敢下手。因秦裕伯"显灵"救了上海百姓，所以被列为城隍爷。

魁星楼

　　魁星是我国古代星宿的名称，同时也是我国古代传说中的神话人物，他主宰文运，在儒士学子心目中，魁星具有至高无上的地位。过去，几乎每个城镇都建设有魁星楼或魁星阁。

　　因"魁"字又有"鬼"抢"斗"之意，故魁星又被形象化，成为一副张牙舞爪的形象。传说魁星手中的那支笔专门用来点取科举士子的名字，一旦点中，文运、官运就会与之俱来，所以科举时代的读书人将其视若神明。他们在魁星楼拜魁星，祈求自己在科举考试中金榜题名。

魁星道观的承德魁星楼

河北省承德魁星楼始建于1828年的清朝道光年间，由当时任承德知府的海忠为佑一方文化昌盛而建，魁星楼因主奉道教之神"开文运点状元"的魁星神而得名，是我国最大的一所供奉魁星的道观。

承德魁星楼

原魁星楼屹立在半壁山之巅，是一座三间硬山布泥瓦殿，修建之后香火鼎盛，为了往来学子们进香方便，就在半壁山下建立了码头和茶棚等设施。

后来，由于年久失修，魁星楼变得残破不堪。经过后代的修葺，在原址的基础上新建了魁星楼。

新建的魁星楼占地6.6万多

平方米，其建筑规模比原楼要大出许多，在殿内又增添了许多富有文化内涵的新内容。整组建筑色彩绚丽，宏伟壮观，依山就势，错落有致。自上而下依次为楼、廊、殿、阁、苑，呈现独特的道教建筑风格。

■ 承德魁星楼内石刻

魁星楼主体建筑依山就势，龙门、中斗宫、荣仕殿、乐真殿、弘文殿、魁星楼等楼廊殿宇气势宏伟，慧石名泉隐现其间，铁锁栈道临崖设置，于半壁山巅置七星石灯设坛，勺柄依然。

在魁星楼门的左边，是一幅描绘老子的壁画，当年老子厌恶官场上的尔虞我诈，于是返乡归隐。

在归途中路过一个县城，被当地的父母官看到紫气东来，有祥和之兆，于是就上前迎接老子，并请老子留下只言片语以教后人，于是老子留书5000言，便有了后世的《道德经》。

在门右边绘制的是周公梦蝶的故事。一夜周公梦到一彩蝶翩然飞舞，他不知是自己化作彩蝶还是彩蝶幻化成他，用以启示后人人生如梦，要好好把握。两幅壁画笔锋流畅，人物表情细腻入微，将当时的场景展现得淋漓尽致，为壁画中的精品。

在门上还随风飘扬着一些锦旗，上面绘制着

道观 道作为我国古戈一种至高的精神追求，凡人皆以仰望，故借观 观道，如同观察星象一样，深不可测，只能揣摩。道观之地 就是窥测无上天意所在的地方 也就是道士修炼的地方，需要采持清静、整洁和庄严。

绵延的供庙

■ 承德魁星楼牌楼

尉迟恭 字敬德，
也称尉迟敬德，
山西省朔州人。
是我国唐朝著名
的将领，是凌烟
阁二十四功臣之
一，谥忠武，赐
陪葬在昭陵。尉
迟恭忠厚老实，
武艺高强，曾经
帮助李世民夺取
了皇位，后来，
在民间尉迟恭被
当作了驱鬼避邪
祈福求安的中华
门神。

二十八星宿图谱。它们以青龙、白虎、朱雀、玄武分成青、白、红、蓝四种色彩的旗帜。

庭院内的草地上立着一群巨石，上刻有"诗书礼易春秋"的字样，是一组以五经为题材的《五魁苑》，展示了我国古代科考内容和"五经"的真谛。

其中还有一组巨石是"八仙奉魁苑"，石头上刻着"福禄财安寿喜乐和合"几个大字，周围巨石将一座刻有巨大的魁字的石头围起，两边还刻有"点斗"和"鳌头"。

寓意着8位神仙送祝福，祝愿学子魁星点斗，独占鳌头。"八仙李魁苑"展示了我国道教诸神的形成、排位关系和道教高深讲究的修炼内容。

龙门是魁星楼主体建筑中轴线上的第一道门，是一座三门四柱的悬山式牌楼，高7.8米，宽10米琉璃瓦顶，雕梁画栋。

龙门原是一个地名，在山西省和陕西省的边界。当年大禹治水，一山经大禹劈开后，江水奔流而下，上游的鱼儿们也被冲刷下来。大禹的妻子十分善良。奏请玉皇大帝，如若下游的鱼儿能逆游而上就可以点化为龙。

　　从此，在我国民间就出现了龙门，也就有了民间传说的鲤鱼跃龙门。这道门寓意着学子跨过此门就能一跃成为飞龙。龙门前有条黄线，单脚跳福禄到，双脚跳福星照，一步越过的话则寓意一生快乐。

　　穿过龙门之后的36级石阶就是中斗宫。中斗宫宫门向南，里面供奉的是文圣孔子和武圣关羽。两侧为大型的壁画，左边壁画讲述孔子和一孩童的问答，后拜孩童为师的事迹，讲述了"三人行则必有我师焉"的真谛。右侧油彩影墙画的是道教的创始人张天师，两边是门神秦琼和尉迟恭。

　　中斗宫后为36级台阶，加上之前的36级，共为72级，是道教中非常崇信的数字，代表人世应合天理的一个周期。

　　在刻着"魁星高照"4个镏金大字的墙面后面，是荣士殿和乐真

■ "魁星高照"影壁

绵延的供庙

■ 魁星楼内的塑像

弥勒佛 佛教八大
菩萨之一，大乘
佛教经典中又常
被称为阿逸多菩
萨，是释迦牟尼
佛的继任者，将
在未来娑婆世界
降生成佛，成为
娑婆世界的下一
尊佛。他被唯识
学派奉为鼻祖，
其庞大的思想体
系由无著、世亲
菩萨阐释弘扬，
深受我国佛教大
师道安和玄奘的
推崇。

殿。荣仕殿为重檐式，檐牙高啄，殿内供奉的是福神、禄神、财神、安神4位神像。福神的旁边立有侍童。

荣仕殿是主事业、财运、官位的大殿，香火非常繁盛。

乐真殿里面供奉的神座是寿神、乐神、喜神和合神，都是为我们生活上祈福的。乐神慈眉善目，是以佛教中的大肚弥勒佛为原型修建的，但是道教的乐神不同于佛教，因为乐神有了一圈胡子，源于道教师法于自然。

弘文殿两边长廊环绕，从平面看弘文殿呈"H"形。其中有道圆圆的石板，是道教创始人张天师所创的一道灵符，上刻有"唯吾知足"4字。

4块墨玉石板上阴刻有东青龙、西白虎、南朱雀、北玄武，为的是对应的另一条走廊上的阳刻。旁边的一块石板上雕刻的是主管文运的魁星，魁星一手握笔一手端斗，为"脚踏鳌头，手点状元"像。

相传摸摸魁星的笔就可以高中状元。在石板上还有"克己复礼，正心修身"8个大字。这两幅图构成"魁星踢斗，独占鳌头"的象形画，相映成趣。

殿内还保留着自周朝至清朝的思想家、教育家、文人甚至是皇帝的形象石牌坊。牌坊上方还有仿红木的大型木雕画，记录我国古代"悬梁苦读""凿壁借光"等刻苦读书的典范11例。

殿内还有魁星文化特色碑16通。整组雕刻构成一幅启迪后人，激发进取，光彩照人的历史画卷。

承天台"上接斗牛之光，下临濡滦潺潺。面群山而览胜境，倚名楼而悟仙机，紫塞明珠如在襟怀"里面供奉着职年太岁，掌管着人出生这一年的祸福。

青龙 在我国传统文化中是四象之一。根据五行学说，它是代表东方的灵兽，青龙既是名字也是种族。青龙的方位是东，左，代表春季。

朱雀 在我国传统文化中是四象之一，是上古四大神兽之一。根据五行学说，它是代表南方的神兽 代表的颜色是红色，代表的季节是夏季。

■ 魁星楼弘文殿

绵延的供庙

魁星楼是庙的主体建筑，面朝西南坐落在半壁山的山顶。楼檐下是"魁星楼"的匾额。

"魁星楼"3个字中，"魁"字少了两笔没有"厶"，意思是去掉鬼气，堂堂正正、清清白白做人。"星"字少了一笔，日字下没有撇，将日看作天，将去了撇的生看作人，意为天下的人不能与天斗，应顺应自然。而"楼"字则多了一笔，示意读书要多用心，博学多识才能更上一层楼。

楼内为油彩的天花板，雕梁画栋。正中供奉魁星像，魁星身为黑灰色，面目狰狞，左手托"量才斗"右手高举"点状元笔"，脚踏搏浪鳌头，呈勇往直前状。

魁星上方为"天开文运"匾额，两侧为描写魁星的楹联：

■ 承德魁星楼牌坊

天下人才以斗量，半只脚踢开千秋文运。

世间学子争光辉，一支笔点名万代鸿儒。

　　魁星像身后为大型彩色壁画，绘有日月星辰、仙鹤神麂、元宝绣球、摇钱树、牡丹、苹果、桃子等。寓意学子的后面是大富大贵、福禄双至、事事如意、万年长寿的锦绣前程。

　　魁星楼的长廊上刻有8块石板，阳刻有魁星"托斗量才，踏鳌搏浪"像，旁边是"天开文运图""四相图"和"斗母巡天图"。

阅读链接

　　荣仕殿内供奉有安神，但是非常奇怪的是，这里面的安神为什么没有脖子呢？

　　相传安神武艺高强，但是却生来面相丑陋，多次考取武状元都没有成功，于是恨生不逢时，伤心懊恼之下一头童在柱子上，含冤而死。后来，位列仙班，玉皇大帝封他作为安神，主司保家安宅。

　　但是安神当初撞柱子的时候用力过大，以至于脖子怎么也伸不长了，远远望去，还以为安神没有脖子呢！

满洲故里的双城魁星楼

双城堡魁星楼坐落于黑龙江省哈尔滨双城区内，始建于1893年的清朝光绪年间。

占地面积7200平方米，楼阁为砖木结构方塔式高楼，分上、中、下三层，全高36.3米，砖石台基高3.3米，周长67米，楼内壁4根通天柱

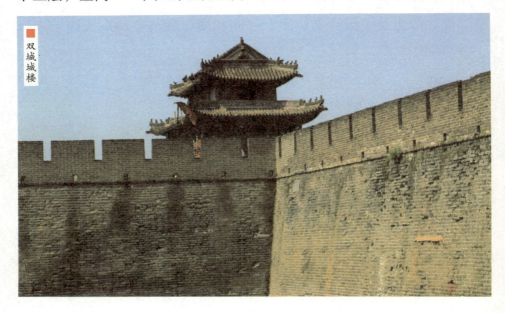

双城城楼

■ 双城城门

直贯楼顶。

　　双城又称双城堡，是东北的一座历史名城，是满族的发祥地之一，向来都有"南有辽阳府，北有双城堡"的说法。

　　魁星楼建在双城，有很大原因是因为这里是满族人定居和金代的兴邦之地，清朝统治者称双城堡为满族的"隆兴之地"，是满洲的故里。

　　魁星乃二十八星宿之一，是我国神话中所说的主宰文章兴衰的神，即文昌帝君，专司点文状元和武状元之职。魁星也是道教中主宰文运的神，魁星信仰盛于宋代，从此经久不衰，成为封建社会读书人崇信最甚的神，每年的农历七月七为魁星的诞辰日。

　　1892年，时任清朝内阁中书的双城人张邦彦联络邑绅关毓谦、张俊生、张选生、张鼎铭等人，上奏禀请通判孙逢源在转承批准捐资葺修大成殿的同时建魁

内阁中书 清代在内阁中设中书，官阶为从七品，掌管撰拟、记裁、翻译、缮写之事。清代在进士参加朝考以后，除择优任翰林院庶吉士者外，较次者部分用充内阁中书，经过一定的年限，可外补同知或直隶州知州，或保送充任军机处章京，一般很受重视。

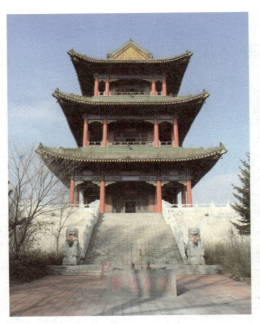

■ 双城魁星楼

绵延的供庙

牖窗 古时窗的一种。称开在墙上的窗为牖。漏窗和什锦窗是牖窗中的两大主体。漏窗是窗洞间以砖或瓦拼花形成优美图案的窗，其形式复杂多样。牖窗多用于江南私家园林中，形式活泼大方，在丰富园林建筑的趣味性方面具有重要的作用，而且园林中的借景、对景、藏与隔等功能大多借它们完成。

星楼，以增辉文运，繁荣当地的文化。

光绪皇帝顺应提议，下令在双城建立了魁星楼。后来，魁星楼由于年久失修，被后代重新进行修葺，历时3年完成。

魁星楼的高度和体景在我国同类建筑中居于榜首，建筑物采用了明清时期的官式建造方法，彩绘选用墨线璇子小点金完成。

新建魁星楼的建筑式样为方形塔式，十字歇山顶，楼高近40米，台基护栏为正方形，边卡33米。主建筑楼体为正方形，边卡17米。重建的魁星楼比原建筑高出6米，所采用的资金全部来自人们的捐献。

魁星楼前面是一座牌楼式的门楼，上面镌刻一副对联：

龙光射斗，崇脊飞檐，磊落雄姿高百尺，壮哉一品琼楼，如斯伟岸，延奎宿神君踞其上，挥朱笔，指点江山，简拔茂才，耕耘播雨，大兴双城文运。

古韵参天，雕梁画栋，斑斓秀色炳千秋，美矣三层翠阁，何等辉煌，引家邦士子趋于前，炳赤心，黾修德业，发扬利器，继往开来，共振万里长风。

这副对联写得很有气势，既对重建的魁星楼进行了形象的描绘，也对双城文运昌兴充满了无限希望。

双城魁星楼共有3层，室内的墙壁上设置有玲珑牖窗，工艺非常巧妙。一层迎面触目的是一幅大型中国画《双城堡的来历》。画中主要的人物是在1814年的嘉庆年间的吉林将军富俊勒和马仁立等。四周的图画上多反映的是清朝廷移京旗屯垦、双城设治、工商兴起、市容繁华等情节。

二楼是巨幅壁画《魁星楼的传说》，画面居中是巍峨挺拔的魁星楼，背景是碧海蓝天，云雾缭绕，长空白鹤。壁画运用浪漫主义和现实主义相结合的创作方法，完美地渲染了魁星楼的不凡来历。寄托了双城这一方域人们的美好夙愿和对文化的敬仰。

三楼是魁星雕塑，立北面南，高近10米。魁星仪态威猛，足踏金鳌，左手托斗，右手号笔，赤心昌文运，火眼识俊才。志向高远者，神笔方点到。

■ 魁星楼旁的厅堂

凭三楼之栏远眺，四时之景各有不同：春苗竞秀，万顷碧波，燕飞莺啭；夏树成荫，柳丝滴绿，蝶舞蝶忙；秋高气爽，红叶如花，黄莺织锦；冬雪覆地，琼楼云阁，素裹银装。令人心旷神怡。

魁星楼体态雄伟，巍峨高耸，金碧辉煌。楼内4根通天柱，直贯楼顶，成外廊明柱，四面斗拱交错，四角飞檐走兽，雕梁画栋。

室外檐下绘有竹林七贤、八仙过海等彩图，极尽精工之巧。玲珑牖窗，备极镂刻之美。清风徐来，铁马叮咚。

人可上下通行，面面有景，风光不一，拾级而上登临楼顶，把酒临风，凭栏远眺，当有一览众山之慨，代表了18世纪双城人民超群的创举和智慧，体现了中华民族古典建筑特点。就传统形态来说，魁星楼已成为双城的同义词，具有象征性。

魁星楼有如此之大的凝聚力、吸引力和感召力，大概和它的传说有关。一说清内阁中书张邦彦省亲，散步双城东南隅，得魁星点化而建楼。二说清道光皇帝夜观天象，见流星坠入东北而建楼。尽管传说并不能代替建筑的初衷，但却可以表达双城这方百姓渴望知识，祈求多出人才的美好夙愿。

阅读链接

其实，在魁星楼门楼上的对联是后来的诗人赵乾质所题写的。原先的对联是一副长达168字的长联。

上联是："五百里封疆，奔来眼底，看东达珠河，西接长岭，南环榆树，北控松江，自去岁半付匪烟兵燹，唯此层层三起楼，体质庄严，仍光联奎碧，我故乡白叟黄童，凭栏赏目，把酒临风，幸勿忘土木兴时研科学，才养栋梁，门栽桃李。"

下联是："数千年往事，注到心头，想辽传断腕，金记胜陀，明建崇祯，清修演武，迄今日尽成碎瓦颓垣，独兹巍巍十余丈，规模宏大，犹矗立云霄，有双城青年学子，飞黄腾达，直上青梯，果孰是霓裳泳处会群仙，腰挎牛斗，手摘星辰。"